元・京大政治学教授

高《こう》坂《さか》正《まさ》堯《たか》なら、現代政治をどうみるか

大川隆法
RYUHO OKAWA

本霊言は、2016年6月16日、幸福の科学総合本部にて、
公開収録された（写真上・下）。

まえがき

国際政治を巡《めぐ》って、日本の国論が二分されている。国防を強化する安倍政権下の「安保法制案」が野党連合や憲法学者の多数が言う「戦争法案」なのか。それとも国民の生命・安全・財産を護《まも》り、領土、領空を保全するための「平和法案」なのか。

直前に出た参院選の結果は、約三分の二が改憲勢力で占められ、民意としては、国際情勢をふまえての安保法制や、改憲姿勢にやや肯定的だといえよう。

憲法学者の多数派とは違い、国際政治学者には、安保法制を肯定し、改憲も視野に入れるべきだと考える方が多数である。

今回、元・京大法学部政治学教授で、保守の言論人でもあった高坂正堯《こうさかまさたか》氏から、公開霊言を頂いた。ある種の、二十年ぶりの懐《なつ》かしさを感じるとともに、国際政治学者のあるべき姿をお示し頂いたと感謝している。

二〇一六年　七月二十日

幸福《こうふく》の科学《かがく》グループ創始者兼総裁《そうししゃけんそうさい》
幸福実現党創立者兼総裁《こうふくじつげんとうそうりつしゃけんそうさい》
大川隆法《おおかわりゅうほう》

元・京大政治学教授　高坂正堯なら、現代政治をどうみるか　目次

元・京大政治学教授
高坂正堯《こうさかまさたか》なら、現代政治をどうみるか

二〇一六年六月十六日　収録
東京都・幸福の科学総合本部にて

「霊言現象《れいげんげんしょう》」とは、あの世の霊存在の言葉を語り下ろす現象のことをいう。これは高度な悟《さと》りを開いた者に特有のものであり、「霊媒現象《れいばいげんしょう》」（トランス状態になって意識を失い、霊が一方的にしゃべる現象）とは異なる。

なお、「霊言」は、あくまでも霊人《れいじん》の意見であり、幸福の科学グループとしての見解と矛盾《むじゅん》する内容を含《ふく》む場合がある点、付記しておきたい。

元・京大政治学教授
高坂《こうさか》正堯《まさたか》なら、現代政治をどうみるか

二〇一六年六月十六日　収録
東京都・幸福の科学総合本部にて

高坂正堯《こうさかまさたか》（一九三四～一九九六）

政治学者。京都府生まれ。京都大学法学部を卒業後、同大学の助手、助教授を経《へ》て、一九七一年、教授に就任。一九六三年に発表した「現実主義者の平和論」で具体的な平和構想を提示し、現実主義のオピニオンリーダーの地位を確立する。また、大平《おおひら》内閣時に発足した「総合安全保障研究グループ」の幹事や、中曽根《なかそね》首相の私的諮問《しもん》機関「平和問題研究会」の座長などを務め、自民党政権のブレーンとしても活躍《かつやく》した。主な著書に『海洋国家日本の構想』『国際政治』などがある。

質問者　※質問順

里村英一《さとむらえいいち》（幸福の科学専務理事〔広報・マーケティング企画《きかく》担当〕兼《けん》ＨＳＵ講師）

綾織次郎《あやおりじろう》（幸福の科学常務理事 兼「ザ・リバティ」編集長 兼 ＨＳＵ講師）

石川雅士《いしかわまさし》（幸福の科学国際編集局長）

［役職は収録時点のもの］

1　保守系の政治学者・高坂正堯《こうさかまさたか》氏の霊《れい》を招霊《しょうれい》する

珍《めずら》しい「京大の保守系学者」だった高坂正堯氏

大川隆法　ここのところ、日本の政治もいろいろと混迷《こんめい》していますし、国内政治もそうですが、国際政治においても難所に差し掛《か》かっているような感じがしています。

そうしたなか、最近では、元・京大法学部政治学教授だった高坂正堯《こうさかまさたか》さんに関する本が、没後《ぼつご》二十年ということで出ているのですが、それを読んでいるうちに懐《なつ》かしくなってきて、「高坂先生なら、どう言うかな」と考えるようになりました。そこで今日は、ご意見を聞いてみたいと思います。

高坂先生は、保守系の学者です。京大は、けっこう左翼《さよく》に染まっているところなのですが、珍《めずら》しく保守系でやっていた方で、有名ではありました。

六十二歳《さい》で亡《な》くなられたので、没後二十年といっても、生きていたら今は八十二歳ぐらいでしょう。もし今も現役《げんえき》だったら、何かいろいろと発言なされたのではないかと思いますので、そのあたりについては、「惜《お》しいな」という感じがしないわけではありません。

昭和四十六年、一九七一年に京大の法学部教授になられたと思うのですが、そのとき高坂先生は三十六歳でした。

なぜ、私がそれを覚えているかというと、私の兄が昭和四十六年に京都大学の哲《てつ》学《がく》科に入学しており、高坂先生について、「法学部は出世が早いなあ。三十六歳でもう教授かあ」と言っていたからです。

また、助教授になられたのは二十五歳ぐらいなので、これはたいへん早く、「法学部はどうなっているんだろう？　ずいぶん早いなあ」ということを言っていました。

ただ、それに関しては東大もそうなのですが、やはり京大も同じで、〝人材を逃《に》がさない〟ようにしているのでしょう。

要するに、法学部系の人で優秀《ゆうしゅう》な人はみな、法曹界《ほうそうかい》や官界に抜《ぬ》けたり、財界でもよいところに就職したりと、給料も高くて出世できるところに行ってしまうのです。

一方、学者でのんびり勉強していると、給料はなかなかもらえないこともありますし、もらえても低かったり、出世が遅《おそ》かったりします。

そのため、ほかのところとは少し違《ちが》って、法学部系では、優秀な人を学部卒で助手として採ってしまい、いちおう給料を出すわけです。もちろん、それほど大した額ではないと思いますが、十数万円程度の給料を出していたのではないでしょうか。

そして、この場合、三年ぐらい助手をやって優秀だったら、助教授として、その大学に残ったり、あるいは、他の大学に助教授で出たりしたようです。ただし、これは特別コースではありました。

普通《ふつう》は、五年間、大学院へ行くのですが、優秀な人を逃《のが》さないように押《お》さえるシステムがあって、京大でも、それをやっていたのだと思います。

ちなみに、東大でも助手は三年ぐらいやるところを、高坂先生は一九五七年（昭和三十二年）に京大法学部助手になり、その後、二年で助教授になっているので、これは、なかなかすごいことでしょう。

そして、その後、ハーバード大学に留学されています。

また、お父さんである高坂正顕《まさあき》氏も哲学者として有名で、全集が出ているような方でした。西田《にしだ》哲学など、京大の哲学の学派について読んでいたら、必ず出てくる人です。

それで、私の兄は、「やはり、お父さんが京大の哲学科の教授で有名な人だから、これは〝特別製〟かな」「文化的遺伝子というか、家柄《いえがら》が特別だから、こんな人が出てくるのかな」「それとも、親の七光

中央公論社の受賞式。左から、吉野作造《よしのさくぞう》賞を受賞した高坂正堯氏、女流文学賞の竹西寛子《たけにしひろこ》氏、津島佑子《つしまゆうこ》氏、谷崎《たにざき》潤一郎《じゅんいちろう》賞の中村真一郎《なかむらしんいちろう》氏。（1978年10月12日撮影）

りで早く偉《えら》くなったんだろうか」というようなことを話していたのを覚えています。

当時、兄も哲学者になろうと志していたころであったので、そのあたりが気になったのでしょう。ただ、やはり高坂先生は優秀だったのだと思います。

なお、私の大学生時代には、高坂先生はすでにかなり活躍《かつやく》なされていて、当時の中央公論社あたりを中心に足場にしていたと思うのですが、保守の政治学者としての言論を展開していました。

当時、保守系で、論壇《ろんだん》で活躍しているといえば、京大の高坂正堯氏、東工大の永《なが》井陽之助《いようのすけ》氏、防衛大学校の猪木正道《いのきまさみち》氏などで、だいたい、このあたりが保守系の言論を展開していたのです。

東大教授たちの意見に疑問を感じていた私

大川隆法　さて、私は東大の学生でしたが、東大ではないところの先生がたの意見を読んだときのほうが、よく分かりました。要するに、リアリズムで、かなり現実主義的な分析《ぶんせき》をしているので、納得《なっとく》するものが多く、よく分かったのです。
一方、東大のほうは、やはり、●丸山眞男《まるやままさお》先生のお弟子《でし》さんがだいたい主流を占《し》めていて、国際政治学では、最近亡くなられた●坂本義和《さかもとよしかず》先生あたりの、朝日・岩波系文化人のほうが、かなり強かったのです。

ちなみに、岩波書店が出している総合雑誌「世界」は、部数は一万部ぐらいしか出ていないものの、非常に権威《けんい》がありました。私も大学に入るときに、父親から「政治学者を志すんだったら、『世界』を読まなければいかんなあ」というようなことを言われ、「世界」を読んでいたのです。しかし、月刊「ザ・リバティ」（幸福の科学出版刊）よりもはるかに難しくて厚く、読むのに難儀《なんぎ》はしました。私は、「買ったものは全部、読むものだ」と思っていたので、「世界」も一ページ目から最後まで読んでおり、「これは難儀だな」と思ったのを覚えています。

私としては、まさか、「普通は、その雑誌のなかで読みたいものを一つだけピックアップして読めばいい」というやり方をするものだとは知らなかったのです。む

●**丸山眞男**（1914 ～ 1996）　日本の政治学者、東京大学名誉教授。左翼の論客として、1960 年の安保闘争の理論的リーダーでもあった。自身のゼミから多数の政治学者を輩出し、「丸山学派」と呼ばれた。主著は『日本政治思想史研究』『日本の思想』等。

しろ、「最初から最後まで読むものは当然だ」と思っていて、実際に全部読んでいたので、かなり大変でした。しかも、文章が難しく、凝《こ》った文章、隙《すき》のない〝学者文章〟で書かれているので、非常に難儀をしたのを覚えています。

なお、坂本義和先生に関しては、インタビューなどで答えているものもありましたが、比較的《ひかく》、理論が切れてはいたので、腕《うで》の冴《さ》えは感じました。ただ、「言っていることは、よく分からない」という点もあったのです。非常に言葉が切れているというか、刀がよく切れている感じはしたものの、「それで、結局、どうなるのだろう？」というようなところがあり、よく分かりませんでした。

また、丸山眞男先生は、私の学生時代にはすでに、半《なか》ば神様のような扱《あつか》いを受けていました。

しかし、二回の安保闘争《あんぽとうそう》が敗北したため、その当時のオピニオンリーダーでもあった丸山先生は挫折《ざせつ》し、東大の教授も五十七歳で早くに辞《や》めています。

ただ、丸山先生も高坂先生と同じく、まだ二十代半ばぐらいで助教授になり、三

●坂本義和（1927～2014）　国際政治学者、東京大学名誉教授。同大学法学部の演習で丸山眞男の指導を受ける。東京大学教授、明治学院大学教授、国際基督《キリスト》教大学平和研究所顧問などを務めた。

十代で教授になっていました。その意味で、「天才肌《はだ》」とは言われていたのです。

ちなみに、私が大学に入ったあとぐらいに、丸山先生の『戦中と戦後の間』という、五、六百ページはある分厚い太巻《ふとま》きの本が、みすず書房《しょぼう》から出ました。それを、朝日新聞の日曜版か何かの書評欄《らん》で、シンパの学者のような人が、でかでかと取り上げてほめちぎっていたのです。

例えば、「丸山眞男氏は音楽評論も書ける。映画評論も書ける」というような感じで、文化人としての幅《はば》の広さと深みをほめちぎっているもので、私としては「肝《かん》心《じん》の政治のほうは、どうなのだ」と言いたくなるようなところもありました。

実際に『戦中と戦後の間』を読んでみると、装丁《そうてい》はよいのですが、中身は〝雑文集〟でした。要するに、「いろいろな雑誌とか新聞とかに投稿《とうこう》するために書いたような雑文をたくさん集めて、とりあえず一冊にした」というような本だったのです。

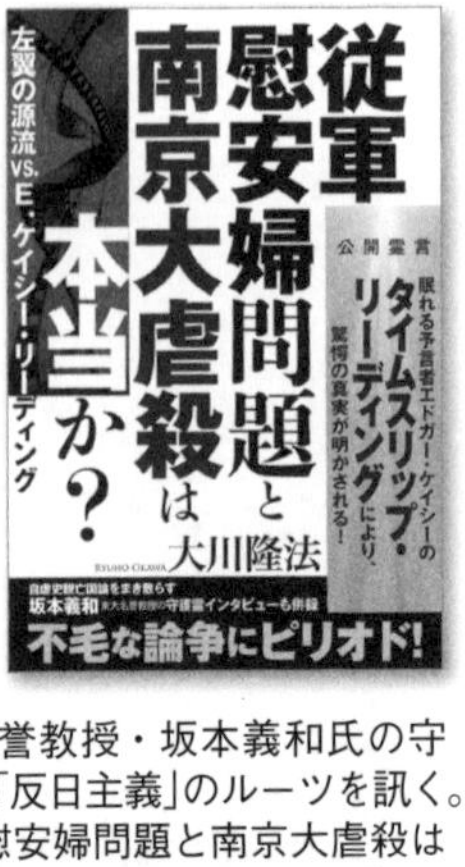

東大名誉教授・坂本義和氏の守護霊に「反日主義」のルーツを訊く。『従軍慰安婦問題と南京大虐殺は本当か？』（幸福の科学出版刊）

当時、丸山先生の本は、そのようなものが二、三冊出ていたぐらいでした。評判は高かったけれども、あまり本はなくて、「勉強しすぎて寡作《かさく》だ」とも言われてはいたのです。

ただ、彼は、座談のようなものをよくやっていたので、没後、だいぶたった今、お弟子さんたちがそれを集めて、談話集のような感じで全集にしてはいます。しかし、本格的に書いたものは少なかったでしょう。

そのため、私は、「丸山眞男という人は、評価はえらく高いし、岩波新書の『日本の思想』とかは、大学受験などでよく出るから知られてはいるけれども、政治学者としての筋《すじ》は、もうひとつ、よく分からない」と感じていました。

あるいは、丸山先生の『日本政治思想史研究』にしても、荻生徂徠《おぎゅうそらい》あたりから、いろいろ書いてあるのですが、江戸《えど》時代の文献《ぶんけん》が読みにくいせいもあるとはいえ、非常に分かりにくいのです。そもそも、政治学の先生が、江戸の儒学《じゅがく》あたりから筆《ふで》

安保闘争をリードした丸山眞男に、あの世で下《くだ》った判定とは。
『日米安保クライシス』
（幸福の科学出版刊）

を起こして書いていることについても不思議な感じを受けましたが、とにかく分かりにくいものでした。

ところが、海外からの評価は非常に高かったのです。確かに、「日本の戦前、戦中の体制をファシズム体制として、いち早く位置づけた」ということもあったでしょうし、「戦前にブタ箱行きというか、検挙されたことがあった」というのも、戦後、〝勲章《くんしょう》〟になったのかもしれません。

そのように、終戦後、いち早く出した論文で、超《ちょう》国家主義の、いわゆる日本のファシズム分析をしたことが有名になって、天才型のような言われ方はしていたのでしょう。

ただ、私には、もうひとつ乗り切らないものがあったし、本郷《ほんごう》(東大の専門学部)の主力は左派のリベラリズムであったので、「いろいろ意見はあるけれども、本当に正しいのだろうか」という疑問は、ずっと残っていました。

東大在学中に読み、「違《ちが》う世界」を感じた高坂正堯氏の著作

大川隆法　一方、高坂先生のものを読むとかなりのリアリズムで書かれていて、分かることを言っていたので、ほっとしたことがあります。『海洋国家日本の構想』は学生時代に読みましたが、それまでとは何か違《ちが》う世界を感じたような気がします。

高坂先生は、国際政治の本を書いたり、外交関係に深く通じたり、吉田茂《よしだしげる》分析をしたりと、いろいろなことをされていますが、こちらの筋については私もよく分かるのです。

同じように、猪木正道さんの「軍事学」や永井陽之助さんの「国際政治」などもよく分かります。

要するに、東大系の先生のものは、やや分かりにくいものが多いのです。それは、「分からない言語で文章を書けて左寄りだったら、たいていは本流」と分類されることも関係しているかもしれません。

今、話題の舛添要一《ますぞえよういち》さんなども、東大においては、どちらかというと保守寄りの政治学者だったので、学内での〝後継者《こうけいしゃ》争いのレース〟からは外されたのだと思われます。そのようなこともあって、助教授のときに東大を辞め、政治評論家になり、政治家になったということなのでしょう。やはり、朝日・岩波系と相性《あいしょう》のよいタイプでなければ、東大の主力にはならなかったのです。

その流れで言えば、私も東大の政治学においてはやや保守系であったために、舛添さんと同じように、スピンアウトした面があったかもしれません。本流と思想が合わず、厳しいところがありました。まあ、東大生でありながら京大の先生の本を一生懸命《いっしょうけんめい》に読んでいるようでは〝駄目《だめ》〟なんでしょうけれども。

ただ、京大も左翼が強いので、高坂先生のように保守系でも残ったのは珍しいことであり、すごいものだとは思います。

高坂氏の教え子・前原誠司《まえはらせいじ》氏へのリアリスティックなアドバイス

大川隆法　民主党政権の時代に大臣をされていた前原誠司《まえはらせいじ》さんも、京大の法学部卒です。

彼は確か、高坂先生から、「頭がよかったら学者になってもいいけれども、君は頭が悪いから学者は無理だ。政治家になったほうがいいよ」と言われて政治家になったというようなことを答えていたと思います。

これも〝すごい〟言い方ではあるのですけれども、ある意味では〝リアリズム〟でしょう。

里村　（笑）

大川隆法　つまり、「学者になるような頭ではない。緻密《ちみつ》ではない」ということでしょう。そういうところはあるのかもしれません。

以前、飛行機に乗った際、たまたま、私の前の席に前原さんが座《すわ》っていたことがあるのです。

それが外務大臣のときだったかどうかは忘れましたけれども、ちょうど高坂先生との話を思い出したので後ろからコツンと叩《たた》いて（笑）、「仕事しろよ！」などと言ってやろうかなとも思ったものの、まあ、黙《だま》っていました。

里村　（笑）

大川隆法　ＳＰが一人ついていたようだったので黙っていたのですが、こちらとしては、「頭が悪いからということで政治家になられても困る。迷惑《めいわく》するんだけどな」という気《き》も多少ありました。

高坂先生はそういうことを言う方であったようですが、もし、生きておられたら、どんなことをおっしゃるのかを勉強したいという気持ちも、多少持っています。

国際政治は、当時とは、もうだいぶ変わっていると思うので、今ならどのようにおっしゃるか、また、日本の国内政治についてもどうおっしゃるかを聞いてみたいところです。

さらに、あの世の世界から幸福実現党を目にかけていらっしゃるかどうかは知りませんが、今回、霊人《れいじん》として出てくる以上、多少はつかんでくださっているかもしれませんので、前原さんに「頭が悪いから政治家になれ」と言うような現実的な目から見ると、幸福実現党はどのように見えるのか、〝無責任に〟ご発言いただければありがたいと思います。

早熟の天才・高坂正堯氏に現在の世界情勢に対する考えを聞く

大川隆法　高坂先生の著書としては、『海洋国家日本の構想』『国際政治』あたりがけっこう有名ですけれども、早熟の天才だったと思います。

高坂先生が高三のときに、父親が、学者の卵だった人を家庭教師につけたようですが、そのときにイギリス系の政治学の英語の本を原書講読なさったようなので、早くに学者として熟成したのは偶然《ぐうぜん》ではないでしょう。

やはり、一種の英才教育がなされたのではないかと思われます。イギリスの政治学者の本を英語で読んでいたようなので、その意味では一定の余力《よりょく》、ある程度の文化資本があったのではないでしょうか。

そのようなこともあってか、出世も早かったのですが、六十二歳で亡くなられたことについては少々残念に思います。

また、大平正芳《おおひらまさよし》首相や中曽根康弘《なかそねやすひろ》首相にも、いろいろとアドバイスをなされていたようです。

雑誌等でいろいろと言論を展開されていた方な

中曽根康弘首相（左）に平和問題研究会の中間取りまとめを手渡す高坂正堯座長。（1984 年 3 月 14 日撮影）

ので、全般《ぜんぱん》のことについておっしゃるだろうと思います。これでも渡部昇一《わたなべしょういち》先生よりは、まだ四歳ほど年齢《ねんれい》の若い方だったので、今もご存命なら何か書いておられるはずです。ですから、日本の政治、国際政治、その他について、アドバイスも兼《か》ねて言ってくだされば幸いかと思います。

前置きとしてはそんなものですが、よろしいでしょうか。

里村　お願いします。

大川隆法　今、政党（幸福実現党）のほうは、全国で忙《いそが》しく活躍なされていると思うので、〝残留《ざんりゅう》部隊〟にて、理論的に補強をしたいと思っています（注。本霊言《れいげん》の収録当日は、第二十四回参議院選挙の公示日〔二〇一六年六月二十二日〕を目前に控《ひか》えていた）。

里村　（笑）

大川隆法　それでは、元・京大法学部政治学教授、高坂正堯先生の霊を、幸福の科学総合本部にお呼びいたしまして、現代の政治をどのように見るか、日本の政治、あるいは、国際政治、その他、政治の抱《かか》えている諸問題についての、未熟なわれわれの質問にお答えくだされば幸いです。

よきアドバイスをくださいますことを、心の底よりお願い申し上げます。

高坂正堯教授の霊よ、高坂正堯教授の霊よ。

どうぞ幸福の科学総合本部に降りたまいて、われらをご指導したまえ。

（約五秒間の沈黙《ちんもく》）

高坂正堯（1934 〜 1996）
1963 年、ハーバード大学留学から帰国した直後の高坂氏は、『中央公論』に「現実主義者の平和論」を寄稿して論壇デビューする。このなかで、当時まさに全盛だった左派の「非武装中立論」を批判して大いに注目を集めた。歴代自民党政権のブレーンとして活躍し、日本の防衛費を GNP の 1%以下に抑制する「防衛費1%枠」の見直しを提言するなど、現実の政治にも影響を与えた。

2 「歴史が今、書き換《か》えられようとしつつある」

滑《なめ》らかな語り口で登場した高坂正堯氏の霊《れい》

高坂正堯　うーん……、うん……。

里村　おはようございます。

高坂正堯　いやあ、何だか恐縮《きょうしゅく》です。二十年もたって、〝墓場《はかば》〟から出てくるのは何だか気が引けます。

里村　いえいえ。全然、「二十年もたった」という感じはいたしません。

高坂正堯　いやあ、宗教だから〝墓場〟から来てもいいのかあ。ハハハッ、ハッハッハッハッ（笑）。

里村　（笑）ご冗談《じょうだん》も非常に滑《なめ》らかでいらっしゃいますね。

高坂正堯　いちおう地獄《じごく》には行ってないから。いちおう地獄じゃないところにはおりますので、〝成仏《じょうぶつ》の儀《ぎ》〟は要《い》らないから。

里村　そうでございますか。

高坂正堯　ああ。

里村　さて、高坂先生がお亡《な》くなりになったのが、一九九六年です。それから二十年がたちまして、国内情勢も世界情勢も、本当に変わりました。私は、この二十年、高坂先生にこの地上で、さらなる言論活動、文筆活動をしていただきたかったなと思っている一人でございます。

特に、東大系の先生がたが〝象牙《ぞうげ》の塔《とう》〟に籠《こ》もったり、あるいは、岩波・朝日系の言論人が自《みずか》らの砦《とりで》からあまり出ずに活動したりしたなかで、高坂先生はテレビにも出られて、単なる学問だけではなく、現実の政治にもいろいろな影響《えいきょう》を与《あた》えられました。

そのような活動をする方というのは、学者の先生にはあまり多くはないのではないかと思います。

高坂正堯　いやあ、けっこう力が要るんだよね。やっぱり、テレビに出たりして発言すると、責任が出るからね。まだ、新聞にときどき論文を書くぐらいだったら、尻尾《しっぽ》を出さないように上手に文章を整えれば、何とか責任逃《のが》れができるんだけど、〝生《なま》のやつ〟をいろいろやると、発言に責任が出ることが多いからね。確かに難しかったし、京都から出てきて言うには、ちょっと「分《ぶん》を過ぎてる」と思う面もあったかもしれないけどね。

里村　日曜日の朝のテレビ番組などでも、柔《やわ》らかいソフトな感じでいらっしゃりながら、保守のお考えをきちんと述べられたところは、今から考えるとたいへんありがたかったと思います。

高坂正堯　君、ずいぶん年寄りみたいなことを言うなあ。君、そんな年《とし》なんかね？

里村　年はだいぶ行っておりますので。

高坂正堯　そんなの、「テレビの番組に私が出た」って、いったいどんな昔かと……。

里村　当時、田原総一朗《たはらそういちろう》さんが司会を務めていらっしゃいました、「サンデープロジェクト」という番組ですね。

高坂正堯　ああ、彼（田原氏）にまだ毛があって、もうちょっと黒かったころだね？　きっとね。へへへへ（笑）。

里村　（笑）当時、そのようにお話しされていた先生から、今日はぜひ、現代的なトピックスも含《ふく》めてお話を伺《うかが》えればと思います。

高坂正堯　何でもいい。雑談のほうが、僕《ぼく》、得意だから。そんな難しい理論的なことは、東大系の先生に訊《き》いたほうがいいよ。

里村　いえいえ。

高坂正堯　僕は、そんなにねえ、理論的じゃないから。「リアリズム」と言うけど、結局、現にある問題しか分からないのさ。アハハハハハハ（笑）。

オバマ大統領の「広島訪問」についての見解とは

里村　まず、いきなり大きなテーマになるのですが、生前、高坂先生は日米関係を非常に重視されておられました。

先般《せんぱん》、五月にアメリカのオバマ大統領が広島に来られて、「サミット（G7《ジーセブン》伊勢《いせ》志摩《しま》サミット）よりも、むしろ、こちらのほうが歴史的である」と言われています。

そこで十七分にわたる演説も行われまして、日本では、「大変な快挙《かいきょ》である。歴史的名演説だ」というような評価まで下《くだ》すマスコミが多いのですが、このあたりについて、高坂先生はどのように評価されますでしょうか。

高坂正堯　まあ、珍《めずら》しいイベントではあるからさ（笑）。そらあ、「広島に来てくれた」というのは、うれしかろうからさ。それについては、肯定《こうてい》的な意見を言いたい人が多いだろうとは思うよな。

ただ、「そこで謝《あやま》らせるところまで行くには、今までの日米関係の歴史から行くと、あまりにも飛びすぎていて、それは困る」っていうあたりの駆《か》け引きがけっこうあったんだろう？

里村　はい。

広島の平和記念公園で演説するオバマ米大統領。演説のなかで、「核なき世界」を主導する立場を示した。（2016年5月27日撮影）

高坂正堯　うーん。「絶対に頭を下げるなよ」みたいな台本付き、セリフ付きで、いろいろとお互《たが》い操縦されながらやるので、大変だったんだろうなあ。
ただ、大きな流れから見ると……。今は戦後七十一年かな?

里村　はい。

高坂正堯　いやあ、「歴史が今、少し書き換《か》えられようとしつつある」ことは事実だな。
先の大戦についての正義の判断は、やっぱり、「アメリカが中国を助けたことが正義」というのが軸《じく》になって、その反省から、日本の体制は、過去、「懺悔《ざんげ》する」というのが、ずっと続いておったわけだから。
アメリカの大統領が広島に来て、そこで謝らなかったかもしらんけれども、いちおう、「和解をしよう」という姿勢を示したわけであるから。これは、中国にとってみたら、彼らが言う歴史観に変化が来るかもしれないことだな。

「地政学的に見て陣地《じんち》取りが始まっている」

高坂正堯　それから、サミットもあったよな？

里村　はい。

高坂正堯　あれも、「中国問題や北朝鮮《きたちょうせん》問題を、日本が中心になって言った」ということで、それで今、中国の軍艦《ぐんかん》が沖縄《おきなわ》近辺に出たり入ったりして、挑発《ちょうはつ》してるんだろう？

里村　はい。昨日《さくじつ》（二〇一六年六月十五日）は明確に、中国の軍艦が鹿児島《かごしま》県沖で領海侵犯《しんぱん》をしました。

高坂正堯　そうだろう、そうだろう。やるでしょう。

選挙（二〇一六年参院選）期間であるからね。今、選挙期間に入って、もう、日本がガーガー騒《さわ》いでるからさ。こんなときは〝好都合《こうつごう》〟なんだよな。

彼らは、民主主義を笑ってるからさ。「民主主義というのは、もう、ほんとに手間がかかって大変で、選挙をやってると、政治ができないじゃないか」と、彼らは思ってるからね。「あんなことをやってたら、いつ、何をされるか分からないじゃないか」と思ってる。それを知ってるから。「民主主義の弱点」と思ってるからさ、選挙っていうのを。その期間に軍事行動は起こしやすいのでね。まあ、そういうふうに嘲笑《あざわら》ってるようなところはあるんじゃないかな。

で、本当はあんまり、こういう軍事的なデモンストレーションをやると、沖縄県民感情がブレて、逆に保守のほうにブレたりされたら困るのに、そういう危険を冒《おか》してでも挑発して、日本国内の言論をグチュグチュにするのを面白《おもしろ》がってるんだろうね。

里村　中国の動き等についても、先生の見解をいろいろとお伺いしたいのですけれども、「今、歴史が書き換えられようとしている」ということですね。

高坂正堯　うん、そうだと思うよ。

里村　それは、主に、アメリカ側からそうしたムードが出ているということですか。

高坂正堯　いやあ、そんなことはないね。やっぱり、これは少なくとも……。ここ（日本）は、「極東《きょくとう》」という言い方もあるけども、（ヨーロッパから見て）「西側」という意味では「極西《きょくせい》」なんだよな。日本は、極西の地にあるわけで、西側の、いちばん西にあるところなんだけども。その極西地域である日本がね……。

今、地政学的に見て、「陣地取り《じんち》」が始まっとるわけよ。「新しい陣地取り」として、中国文化圏《けん》に東南アジアを含めて全部、このへん、陣地を築かれるか。それとも、ヨーロッパからアメリカを合わせた西側陣営があるけども、その西側の極西地域としての日本が、まだ踏《ふ》みとどまれるかどうか。

これは、ちょうど、二つの大きな「高気圧対低気圧」みたいに前線が張り出してるようなな感じのところで、ぶつかってるところなんだ。やっぱり、こういう大きな力関係、力学は働いてる。

日本は今、地政学的に見て「極東」と「極西」の両方に位置している

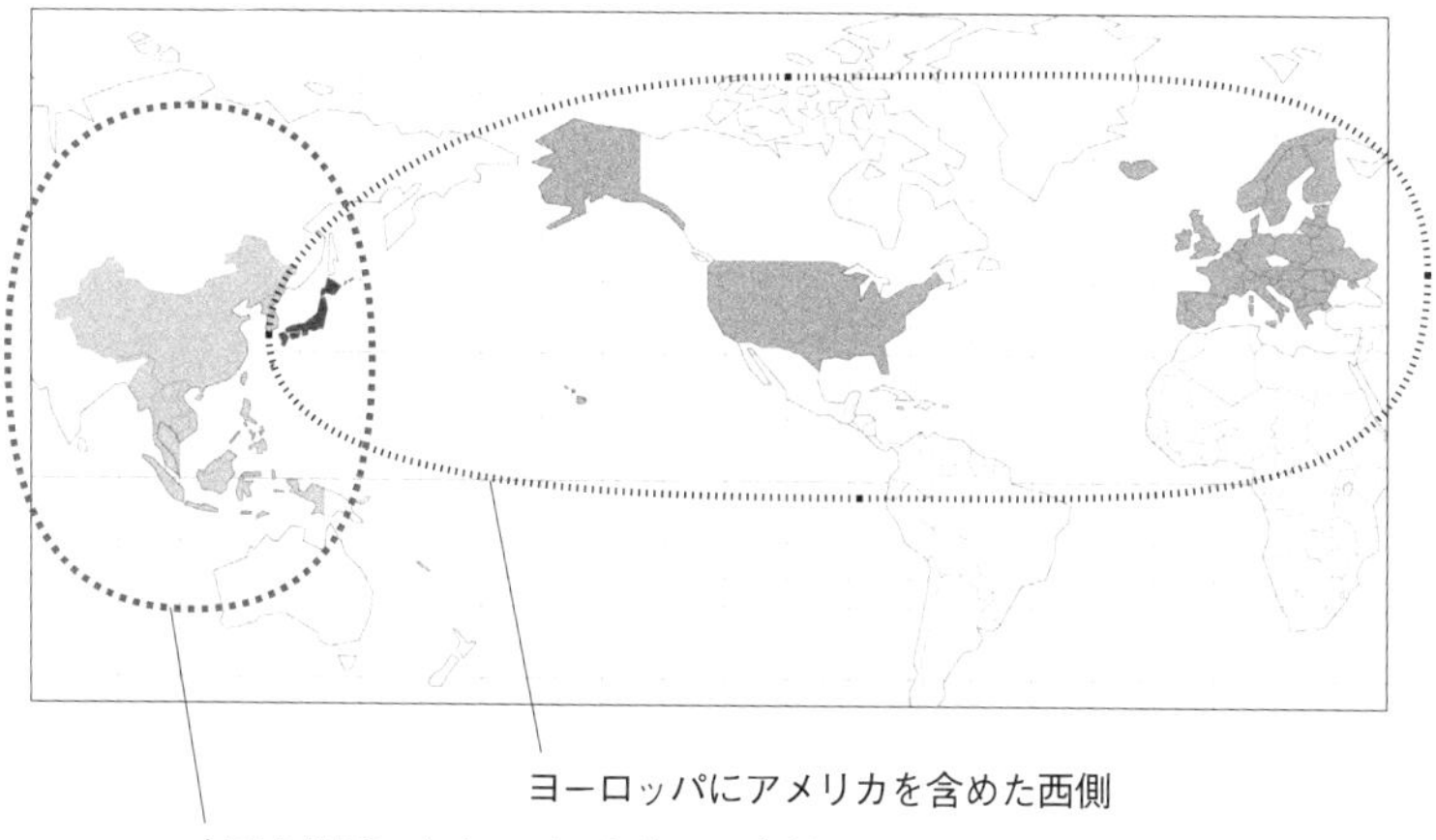

「吉田《よしだ》ドクトリン」への評価は、現在は変わっているのか

綾織　そのぶつかり合いのところで、少し気になるところは、高坂先生は生前、「●吉田《よしだ》ドクトリン」を基本的には評価されていました。「日米同盟が大事だ」というのはそのとおりであると思いますが、「吉田ドクトリン」の考え方は、「日本はそんなに軍事的に力を持たなくてもよくて、アメリカに頼《たよ》っていけば何とかいけそうだ」というものです。

高坂正堯　まあ、戦後はね、しばらくそれでうまくいってたからね。

綾織　はい。その後、先生がお亡くなりになってから、二十年がたちました。先ほどおっしゃっていた、「ぶつかり合い」「陣地取り」というところから見ると、これは、やはり、考え方を変えていかなければいけないかと思うのですが、いかがでし

●吉田ドクトリン　1946年～1947年、および1948年～1954年の首相であった吉田茂《よしだしげる》が採った方針のこと。戦後復興の指針として、国家の最優先課題を経済発展とし、日本の安全保障は米国に依存することで軍備費を削減するという戦略。

ようか。

高坂正堯　それはね、ちょっと歴史的になるので、若い人たちには認識しにくいことだろうと思うけど、戦後講和の話でね。東大の総長もなされた南原繁《なんばらしげる》さんたちは、「全方位《ぜんほうい》に講和をしなきゃいけない」というようなことを言っててね。それに対して、吉田茂《しげる》首相とかは、「全陣営は無理かもしらんけど、とにかく、アメリカを中心とするほうと講和を結んでしまうことで、戦後のスタートが切れる」ということで、まずやれるところからやろうとしたわけだよね。

で、これに対して、「ソ連とか中国とか、ほかのところとも講和しなきゃ駄目《だめ》だ。同時にやらなきゃいけない」みたいなね。

理想論的にはそうだと思う。同時に全部とやれたほうがいいけど、なかなか収まってなかったのでね。だから、あのときに吉田さんが、非常に片側に寄って、アメリカに寄った講和の仕方をしたわけで。南原繁さんや東大の政治学派は、全面講和

●南原繁（1889～1974）　政治学者。キリスト者。1945年12月、戦後最初の東京大学総長に就任し、1951年までの6年間を務める。東大入学後、無教会主義の内村鑑三《うちむらかんぞう》門下となり、生涯、熱心なキリスト教信者となった。主著『国家と宗教』『フィヒテの政治哲学』等。

で、「理想論」だね。理想論型を言ってたんだけども。
あの時点では、「とりあえず一歩進める」という意味で、「吉田ドクトリン」は肯定されるべきだったと思うし、たぶん一九八〇年代ぐらいまでは、うまくいってたんじゃないかなあと思うけどね。

綾織　その八〇年代以降、さらに現在においては、どのようにお考えでしょうか。

高坂正堯　うーん、だから、私が生きてたときも、すでに中国問題は出てきつつはあったんだけどね。「将来、これはどうなるんだ」っていう問題は、もう出てきてはいたんだけど。中国が核《かく》武装を始めたときに、「これをどう見るか」っていう問題は、やっぱりありましたからね。
同時に、旧ソ連がまだ健在だったからね。旧ソ連の核武装があって、さらに中共

クリスチャンの東大元総長・南原繁の霊に改めて「自由の価値」を訊く。『南原繁「国家と宗教」の関係はどうあるべきか』（幸福の科学出版刊）

（中国共産党）の核武装があって、アメリカもあれだけど、「本当に勝てるんだろうか」っていう感じはあったからね。

「ソ連 対 アメリカで、どっちが勝つか。両方全滅《ぜんめつ》するかも」という意見も長らくあって。そういう「核の冬」というか、核で人類が滅《ほろ》びるシミュレーションの映画だとか、小説だとかも、いっぱい出てたからね。

だから、アメリカがレーガン（大統領）の時代に、ああいう劇的な、「一発も弾《たま》が飛ばず、人も死なずに、一方的勝利を収める」というのは、ちょっとね。政治学者であれを予想した人は、さすがにいなかったかもしれないし。坂本義和《さかもとよしかず》さんなんかも、あれで〝寿命《じゅみょう》〟を縮めたかもしれないですけどね。

里村　つまり、時代的には、中国を取り込《こ》んでいく必要性はあったわけですね。

高坂正堯　うん。そう、そう、そう、そう。

だから、完全に否定はしてなかったです。

3　オバマ大統領の「広島演説」は中国への挑発《ちょうはつ》だった!?

財政赤字によって「世界の警察官」を引退するアメリカ

石川　核《かく》武装のお話が出ましたが、それに関して、今、アメリカ次期大統領候補のトランプさんの発言が脚光《きゃっこう》を浴びています。

高坂正堯　ああ、トランプね。はい、はい。

石川　CNNのインタビューでも、トランプさんは次のような発言をしていたと思います。

インタビュアーが、「今までのアメリカの国策というのは、日本に核の傘《かさ》を提供して、日本に核兵器を持たせないようにする戦略でした。あなたは、これを変えるのですか」と質問すると、トランプさんは、「正直に言おうか。変えるべきだ」と答えていました。

さらに、「日本や韓国《かんこく》が核武装すれば、サウジアラビアなども、『核兵器を持ちたい』と言うと思いますが、それについてはどうしますか」と訊《き》くと、トランプさんは、「正直に言えば、いずれそうなるんだよ」というようなことを言っていたわけです。

アメリカはケネディ大統領以降、核が広がらないようにしてきたと思うのですけれども、このトランプさんの本音については、どのようにご覧になるか、教えていただければと思います。

高坂正堯　だから、「アメリカが世界の警察官

2016年米大統領選で共和党候補者の指名を受けたドナルド・トランプ氏は、自らが大統領に当選した場合、日本や韓国などに対して米軍駐留経費の全額負担を要求し、応じなければ撤退も検討する考えを示している。

を続けるから、（日本に核兵器は）要《い》らない」という議論があったけど、オバマさんが世界の警察官を引退する発言をなさってるんだろう？　で、「自分（トランプ氏）はどうするのか。共和党なら、もう一回、世界の警察官に戻《もど》るのか」ということだけど、「もう戻れない」という考えなんだろう？　財政赤字をずいぶん抱《かか》えているし、貿易赤字等も含《ふく》めて。アメリカ経済は、そんなにずっと悪くないんだとは思うけど、ただ、世界を警備するほど、お金が潤沢《じゅんたく》じゃない。あそこの軍事予算自体は、日本の一般《いっぱん》予算ぐらい使ってるからね。

これは、さすがに、「削《けず》るとしたら、あそこから削らないかん」というのは、オバマ、トランプ共に一緒《いっしょ》なんだろうから。

ただ、「オバマさん的に、きれいごとを言いすぎると、金がかかりすぎる」という考えはあって。「もうちょっと効果的に、ちゃんとやらなきゃいけない」っていう考えは持ってるんだろうな。

武力競争でソ連を崩壊《ほうかい》させたレーガン米元大統領

里村　二〇一六年五月に、オバマ大統領が広島で演説を行いました。「核兵器のない世界をつくるのだ」ということで、人類愛的な立場から、非常に美しい言葉で語っていたのですけども、今、問題になっているのは、高坂先生が地上にいらっしゃったときには想定しえなかった、北朝鮮《きたちょうせん》の核兵器です。この数が非常に多くなってきました。

そして、中国は、九〇年代の江沢民《こうたくみん》のときには爪《つめ》を隠《かく》していたのですけれども、最近は南シナ海等、かなりはっきりと出すようになりました。

つまり、日本は核武装している国に挟《はさ》まれているわけです。

したがって、「日本としてどうするか」というときに、オバマ大統領から、「核兵器のない世界をつくる」と言われたのは、ある意味で、日本の防衛に対して手足を縛《しば》られたような感じもあるのですけれども、このあたりについては、どのようにご覧になりますか。

高坂正堯　そうだねえ。なんか、「金がかかるから戦争はやめようよ」って言ったような感じに聞こえなくもないよなあ。

里村　ああ、なるほど。

高坂正堯　「君ら（中国等）が本当に武力を強めるんだったら、こっちもやらなきゃいかん。それだと予算削減《さくげん》できないし、ずっとやらないかんから、そろそろやめようじゃないか」という感じにも聞こえたから。

ソ連とはパンパンになるまで予算を膨《ふく》らませて競争して、ソ連が崩壊《ほうかい》したんだよな。結局、予算が崩壊して、ゴルバチョフが赤旗……。白旗か。白旗を揚《あ》げちゃって（笑）、「もう敵《かな》わん」と。レーガンは、スターみたいにかっこよく、「スターウ

●スターウォーズ計画　アメリカが打ち出した軍事計画である「戦略防衛構想」の通称。1983年にレーガン大統領が提唱した。敵国が発射したミサイルを大気圏外で迎撃し、アメリカ本土への被害を最小限にすることを目的とした計画。

ォーズ計画で、宇宙からの攻撃《こうげき》まで計画してるぞ」と言ったら、ソ連のほうが、「もう敵わん。もうやめた」っていうことで、崩壊してしまった。

だから、何て言うの、バブルの経済成長と予算があるように見せてたソ連も、とうとう競争で敗れちゃったわけで。牛と競争するカエルみたいになって〝破れ〟ちゃったけど、アメリカ自身も、財政赤字と貿易赤字の「双子《ふたご》の赤字」がどんどん大きくなっててさ。

で、レーガンの時代には、さらに、「これに減税をする」みたいなことを言って、「そんなことができるのか?」というような、ちょっとええ格好しいに見えるような、西部劇のガンマンみたいなことをやるので、みんな懐疑《かいぎ》的ではあったんだけど、結果はそれで勝っちゃったんでね、本当に。誰《だれ》

INF(中距離核戦力)全廃条約に調印するレーガン大統領(右)とゴルバチョフ書記長。(1987年12月8日撮影、ロイター=共同)

も死なずに。「核戦争をやったら、いったい何千万人死ぬか」と、みんな思っとったからね。だから、勝っちゃったんで、それはよかったんだけど。

オバマさんのほうは中国等に、「ソ連と同じようなことを、もう一回やらせるんかい？　いいかげんにしろよ」と遠回しには言ったのかもしれんけどね。

「アジア系」と「中東系」の問題に対するアメリカの本音

里村　要するに、八〇年代はソ連を軍拡競争に引きずり込《こ》むことで、ソ連を経済的にも破綻《はたん》させていって、ギブアップさせました。

高坂正堯　うん、うん。

里村　そして、当時、中曽根《なかそね》（康弘《やすひろ》）首相が、「不沈《ふちん》空母発言」で、「アメリカを経済的に支える」ということを言ったわけです。

●不沈空母発言　1983年当時、訪米中の中曽根康弘首相がワシントン・ポスト紙に語った、「有事には日本列島を外国航空機の侵入を許さない船のようにする」という発言が「不沈空母」と意訳され、「軍国主義的」と批判を浴びた。後《のち》に、「不沈空母」とは言わなかったことを取材記者が認めている。

高坂正堯　そう、そう、そう。

里村　ところが、今のアメリカは、際限なき軍拡競争に中国を引きずり込んで脅《おど》す方法を取りえないと。

高坂正堯　うん。うん、うん。

里村　では、そのなかでどうするかが、これからの……。

高坂正堯　だから、「中国経済が日本を抜《ぬ》いて世界二位」とか宣《のたま》ってるけれども、その予算のほとんどが「軍事予算」や、あとはバブルの建設事業？　何て言うか、そういう「ゼネコン型投資」ばっかりやってたんじゃ、民生というか、民衆の生活のほうがよくならないから、暴動が発生して困ってはいるわな。で、警察にも金は要るしね。武力で鎮圧《ちんあつ》するかたちのやつは高くつくっていうの？　コスト高になるっていうことに、これから中国は苦しんでくるところだけど。「それでも、アメリカと対等にやる気なのかどうか」という、ある意味での挑発《ちょうはつ》はしたわけよ。

その意味で、北朝鮮なんか、本気では問題にしてないんだと思うんだけどね。

里村　ほう。

高坂正堯　アメリカが本気で怒《おこ》ったら、それはすぐ終わるからね。北朝鮮ぐらいだったら、すぐに終わってしまうので。

それは、本気でやれば中東だってね、核攻撃まで行くんだったら終わってしまいますけども。いちおう「人類の尊厳」というか、そういうのを護《まも》るっていうのも、アメリカの正義の一つには入ってるからね。そこまではやりたくないっていうところなんだろうけどね。

だから、北朝鮮は中国が後ろ盾《だて》で、最後はまだ切れずにいる。「アメリカと日本側で北朝鮮を攻撃する」っていうようなことがあったら、いざとなると中国が出てきて、自分らの側の権益を護るというふうに出るわけで、そうなれば、大きな戦争になるからね。

確かに偽善《ぎぜん》もあるけれども、ある意味で、（オバマ大統領は）「もう一回、ソ連とアメリカの競争みたいなことをやる気か？」ということを、いちおう言ったのは言ったのかなあとは思うけどな。

里村　脅しというか、牽制《けんせい》をかけているわけですね。

高坂正堯　うん。それよりは、お互《たが》いに軍事競争をペースダウンして削減していったほうが、ほかに、民衆の生活がよくなる方向に金を使えるじゃないですか。アメリカだって、それをしたいし、貧困層が増えているしね。問題がいっぱい多発してますから。

で、今、テロ問題でね、「中東系」の人たちからのテロで、最近、事件があったみたいだね。大勢死んだ事件があったようだけど。

里村　ありました。

高坂正堯　まあ、そういうもので頭がいっぱいだからさ。これで「アジア系」と両方来られたら、もうたまらないからね。二種類来られたら、多民族国家のアメリカが、もたなくなりそうだから。両方は一緒にやりたくないのが、本音は本音だと思うけどね。

●中東系の人たちからのテロ……　2016年6月12日未明、米フロリダ州オーランドのナイトクラブで、男が自動小銃を乱射した事件のこと。50人が死亡、53人が負傷。容疑者は、犯行前に、「イスラム国に忠誠を誓っている」と発言していたとされる。

4 「リアリズム」で考えると国際政治が見えてくる

「トランプ政権になれば、日本の防衛は自助努力になる」

石川　ちなみに、トランプ氏が、「北朝鮮《きたちょうせん》なんて、日本に叩《たた》き潰《つぶ》させればいいんだ」というようなことをおっしゃっていたのですけど（笑）。

高坂正堯　そうだと思うよ。いや、そうです。本気だと思うよ。

石川　トランプ政権になったら、本当にそんなことが起きるのでしょうか。

高坂正堯　そうだと思うよ。

いやあ、彼はねえ、普通の頭を持ってるから。普通の頭っていうか、頭のいいビジネスエリートの考え方をしてるから、そんなのアメリカが行って、ゴソゴソする必要なんか全然ないと思ってる。「日本は、国を護《まも》りたきゃ戦えばいいじゃないか」と、そう思うと思うよ。

「経済力を見ろよ。世界の五十番とか、百番とかいうなら、それは護ってやらなきゃいかんけど、日本はフィジー島とは違《ちが》うだろうが」って言いたいんだよ。「自分らでやろうと思えばできるのに、やらないやつを、なんで護ってやらないかんのか。これは自助努力の精神から見て、やっぱりおかしいんじゃないか。甘《あま》えていて、その分、一生懸命《いっしょうけんめい》、経済に特化《とっか》して稼《かせ》いでやろうとしとるのと違うか」っていうところかな。

トランプ氏がアメリカの大統領になったら世界はどう変わるのか。『守護霊インタビュー ドナルド・トランプ アメリカ復活への戦略』（幸福の科学出版刊）

軍事大国・中国の「タダ取り作戦」

綾織　「軍拡競争をまだやる気か」という部分ですけれども、中国の側を見ると、やはりやる気でして、これはどこまでもやっていくのが見えてきています。

高坂正堯　ただ、「やる気」というよりも、軍事大国になって、何て言うか、恐怖《きょうふ》心《しん》でもって周りのところを、はっきり言えば、「タダ取り」しようとしてるように は見えるけどね。本当に戦争をしたいというよりは、「軍事力の圧倒《あっとう》的差を見せつけることによって、恐怖心で朝貢《ちょうこう》外交させて、タダ取りする」という作戦には見えるけどね、僕《ぼく》にはね。

綾織　では、台湾《たいわん》も諦《あきら》めさせ、日本も屈服《くっぷく》するように仕向けようとしていると？

高坂正堯　台湾だって、周りを中国の軍艦《ぐんかん》ばっかりにグルグル回られたら、それは参るだろうよ。「貿易ができる」っていうのは、いちおう、「平和」が前提だからね。砲弾《ほうだん》が飛んできたり、魚雷《ぎょらい》を撃《う》ち込《こ》まれたり、空爆《くうばく》をかけられたりし始めたら、それは貿易なんかできないですから。それは、あっという間にね。

綾織　単に貿易ができるというだけであればいいのですけれども、考え方においても、いろいろなことを押《お》しつけられてくるわけです。歴史の問題もそうですし、もしかしたら、チベットやウイグルなどで起こっているようなことが、台湾や沖縄《おきなわ》でもありうるかもしれません。

高坂正堯　彼ら（アメリカ）から見りゃ、チベットもウイグルも、みんなやられてるのを知っておりながら見逃《みのが》したというか、見過ごしたんでしょう？　「あれは中国の内政問題だ」ということで。わざわざ、そこに口を出して戦争までする必要はないから。

それよりは中国との貿易を大きくして、経済を大きくすることのほうが有利だと見て、アメリカも中国との取引を最高級にまでレベルを上げてるし、日本も、中国の経済を頼《たよ》りにしてるところもあったからね。

それは、「経済で釣《つ》りながら、一方では軍事を拡張して、押さえるところを押さえていく」という作戦だよな。それが、確かに東南アジアや台湾とかまで入ってこようとしてる。

これに対して、「韓国《かんこく》が北朝鮮と対抗《たいこう》できるか」、あるいは、「日米韓にインドを合わせて、これで中国包囲網《もう》がつくれるかどうか」という、今はそういう力比べだね。

実際、実戦ではやってないから、〝念力戦《ねんりきせん》〟みたいなものが始まってるっていうところかな。そんなところだろう。インドまで、もう入ってきてるんだよね。

「リアリズム」で考える、トランプ氏の発言

里村　そういう状況《じょうきょう》ですと、例えば、高坂先生は生前に、「沖縄からの米軍撤退《てったい》は力の空白を生む」ということで、中国の脅威《きょうい》をすでにおっしゃっていました。

実際に今、いろいろな事件等が起きて、沖縄からの米海兵隊撤退の可能性などが現実に出てきたりしております。

あるいは、米軍基地全面撤退論などの声が上がっておりますけれども、こういった沖縄問題等も含《ふく》めて、どのようにご覧になりますでしょうか。

高坂正堯　いやあ、それは沖縄の米軍が撤退するっていうんだったら、「日本の軍事強化」と引き換《か》えでしょうね、当然。

里村　引き換えですか。

高坂正堯　うん。

もちろん、「日本は独自で防衛できますから、もう結構です」っていうんなら、その論理は立つと思うけど、日本では、今まだ相変わらず憲法学者たちが、「憲法九条を護れ」で死守しようとしているので。「憲法九条が残れば、民族が絶滅《ぜつめつ》しても構わない」っていうような感じの運動をやってるので、これは、ちょっと頭が悪すぎるんと違うか？

里村　はい（苦笑）。

高坂正堯　大丈夫《だいじょうぶ》かなあ、本当にね。

その憲法はアメリカから頂いた憲法で、アメリカが「護らなくてもいい」って言ってるのにね。何をそこまでこだわってるのかが、ちょっと分からないね。

憲法九条が、戦前の「権力を持った天皇制の復活」みたいなのを止《と》めると思っているのか。

天皇制と軍国主義が合体した戦前の姿を復活させないためには、これさえ言っとけば、お題目《だいもく》を唱えとりゃいけると思ってるのかもしれないけども、やっぱりリアリズムは要《い》ると思うよ。

だから、トランプさんは分かりにくくて、（大統領候補として）出てくると思ってなかった人が多かったんだけども、現実はリアリズムで考えれば、トランプの言ってることはよく分かる。「アメリカは移民問題と直面してるから、これを解決しなきゃいかん」と言ってるし、それから、テロもこれだけ警戒《けいかい》しているんだから、当然ながら移民のところのチェックが要ると思ってる。

そんな、日本みたいな経済的にライバルになるような国を護ってやるために、巨《きょ》大《だい》な軍事費を使うというのはバカげているので。「そちらが頼《たの》んでくるならともかく、そんなに『出ていけ』と言われながら、それを護るなんていうのはバカバカしい話だ」っていうのは、リアリズム的に考えれば、極《きわ》めて当たり前のことを言っている。

こちらも当たり前に考えて、それをどう捉《とら》えるかを見るべきで、理想論的に考えると分かりにくくなるんですよ。

里村　なるほど。

「自衛のための戦争は国民の権利」

里村　今、沖縄の問題にも触《ふ》れさせていただいたのですが、高坂先生としては、「日本の軍事力、自衛力が高まれば、沖縄からの米軍撤退はありえる」とのことでした。

高坂正堯　うん、うん。

里村　そこで、いよいよ日本がどうするかですが、今、安倍《あべ》首相が二度目の政権で、集団的自衛権の行使、それから安保《あんぽ》法、いわゆる平和安全法制の整備をしています。野党のほうは、それを〝戦争法〟だと言ったりしていますが、高坂先生からすると、この流れ自体は、安倍政治としてはよくやっているとご覧になりますか。

高坂正堯　〝戦争法〟っていう言い方は、共産党あたりが主唱《しゅしょう》してるんだろうけど。戦争ったってねえ、「正しい戦争も、間違った悪い戦争もない」という考えもあるけども、やっぱり、戦争っていうのは、起こそうとして起こすばかりではないんでね。起きるときは、起きるんでね。

それは、「自衛のための戦争」は「国民の権利」でもあるわけでして、不法な攻《こう》撃《げき》を受けて何もしない政府だったら、そんな政府は民主主義下でも許されないので。そんな政府は倒《たお》されますよ。当たり前ですよ。

だから、土足で上がってこられるんだったら、「撃退する戦力」は絶対につくらなければいけない。そうでなければ、国としては崩壊《ほうかい》するので。

まあ、きれいごとを言ってはいるけどね。

だから、アメリカの核《かく》の傘《かさ》があって、「完全に護る」という状態から日本が力をつけてきたので、そろそろ「息子《むすこ》の独立」みたいな感じになってきつつあるんだろうから。まあ、トランプは「厳しい父親」の役を果たしてるんだとは思うけど、ある意味で、彼の意見を見て、未来を考えなきゃいけないところはあると思うね。

里村　なるほど。

5　なぜ日本と欧米《おうべい》では「正義論」が異なるのか

大川隆法が「核《かく》武装」と言わずに「核装備」と言った理由

里村　未来の選択肢《せんたくし》の一つとして、私どもは「日本の核《かく》装備」というものも考えなくてはいけない段階に来ていると、考えています。しかし、安倍《あべ》総理は絶対にそうしたことを言いません。

高坂正堯　いやあ、それは「選挙対策」でしょうけどね。

里村　そうなんです。選挙では、防衛問題や憲法問題、安全保障問題をスーッと下げていきます。そして、言い方は悪いですが、経済問題のほうに矮小化《わいしょう》して選挙をやろうとしているわけです。

高坂正堯　そこは、マスコミの問題があるからね、もう一つはねえ。だから、マスコミが言葉尻《じり》を捉《とら》えて攻《せ》めてくるのがうまいから、できるだけ捕《つか》まえられないような言葉を使わないといけないのでね。出したら損するからね。

里村　ええ、ええ。

高坂正堯　だから、そのへんはある。

今、あなた、「核装備」と言っていたけど、大川（隆法）さんが、それは言ったんだろうけど（注。二〇一六年二月十五日、東京都・TKPガーデンシティ品川《しながわ》における大講演会「世界を導く力」において、北朝鮮や中国から国民の命を護《まも》るために、抑止力としての「核装備」が必要であることを訴《うった》えた。『世界を導く日本の正義』（幸福の科学出版刊）参照）。

里村　はい。

高坂正堯　「核武装」と言わずに「核装備」と言ったあたりで、これは言葉選び、そうとう慎重《しんちょう》に選んでいるので。「核武装」と言ったら、急に、もっと硬化《こうか》してくる人がいっぱい出るわけでね。

里村　おっしゃるとおりです。

高坂正堯　それで、「核武装」と言わずに「核装備」と言ったんでしょ？

里村　はい。

抑止力としての「核装備」や「消費税減税」による経済成長などを提言。『世界を導く日本の正義』（幸福の科学出版刊）

高坂正堯　まあ、一緒《いっしょ》だけどね。ハッハハ……（笑）。ほんとは一緒のことなんだけど、「核武装」と言うのと「核装備」と言うのとで、響《ひび》きが若干違《じゃっかんちが》う。この微妙《びみょう》な言葉のニュアンスで、日本はけっこう戦うので。与党《よとう》も野党もマスコミも含《ふく》めてね。だから、非常に言葉選びが難しいところではあるんだけども。

里村　はい。

高坂正堯　少なくともトランプさんからすれば、それは、「アメリカの若者たちの命を最前線の沖縄《おきなわ》の海兵隊に置いて、朝鮮《ちょうせん》戦争や中国との戦争に備えさせるなんて。なんで、日本人の代わりに死ななきゃいかんのだ」と、こう言ってくるわな。

極《きわ》めてリアリスティックな考えで、アメリカのお父さんお母さんがたは、「そうなんだよ。うちの息子《むすこ》がなんで、こんなに反対されながら日本を護らないかんのだ」っていうような、そういう気持ちはあるわな。

ヒーローを受け入れない「戦後の左翼《さよく》民主主義」

石川　『正義の法』（幸福の科学出版刊）の英語版を、アメリカ人の当会の信者さんが読まれての感想があります。

高坂正堯　うん。

石川　その方は、スタンフォードを出たインテリだったのですが、「一つ、すごく分からない」と言われたのは、山本七平《やまもとしちへい》氏の「人命尊重」のところです。

高坂正堯　ああ、ああ。

石川　その方から、「人命尊重なら、人質《ひとじち》がいた場合、すぐに軍隊を送って救いに行けばいいのに、なぜやらないのだ?」と訊《き》かれたので、「いや、日本では、軍隊も『人命尊重の対象』なのです」と答えたところ、「それは理解できない」と言われたのです。

高坂正堯　うーん。だから、ここは大きい。「正義論」を立てるときに、日本の正義というのは、「戦わないこと」「不戦」が正義と思っているのね。

だけど、アメリカを中心とする、まあ、ヨーロッパもそうだけども、そういうところの正義というのは、「邪悪《じゃあく》なるものと戦って勝つのが、民主主義の基本的な正義なのだ」と思っているわけよ。邪悪なるものは倒《たお》さなきゃいけないので。

里村　ああ。

高坂正堯　だから、ファシズムの問題なんかでも、「邪悪なるものが立ち上がっているときに、宥和《ゆうわ》政策を取ったために、あんな被害《ひがい》が起きた」と。邪悪なるものと見たときにすでに態勢を整えるべきだったのに、アメリカが「孤立《こりつ》主義」をやったりね。イギリスとかも、いろいろ許していたために、最後はチャーチルが出てきて決然と戦わなければ、もう滅《ほろ》びてた可能性があるもんですからねえ。

里村　はい。

高坂正堯　「イギリスが滅びてたのと、残ったのと、どっちがいいのか」って言わ

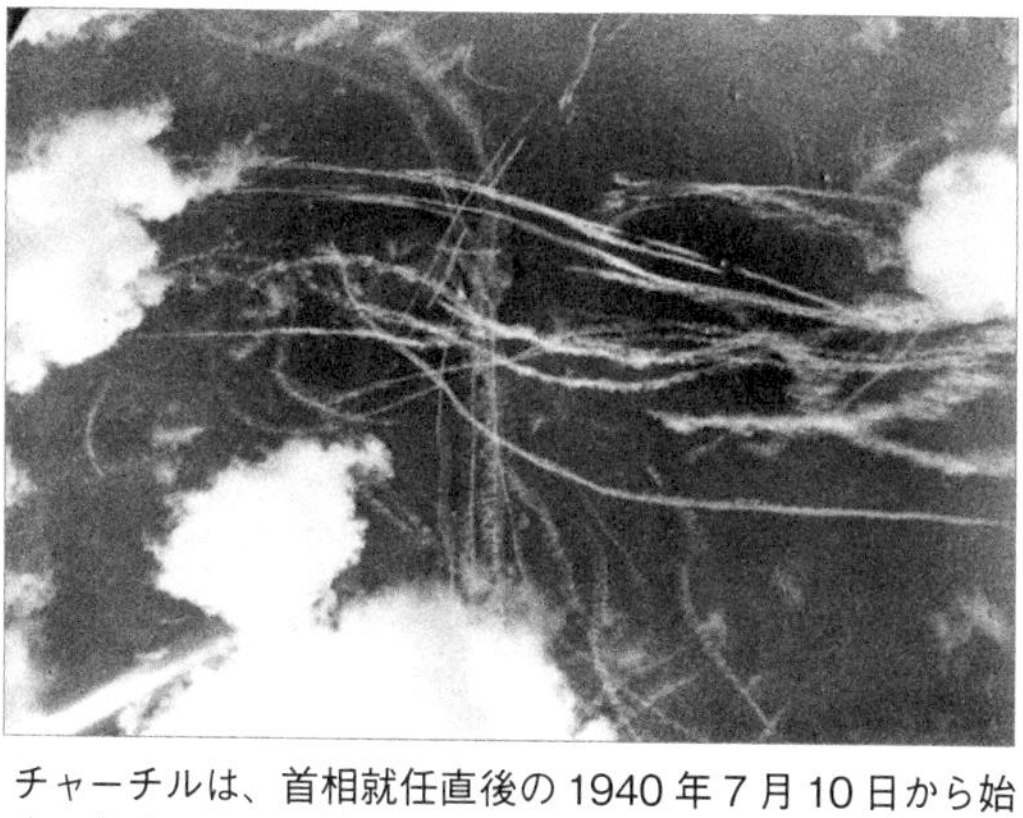

チャーチルは、首相就任直後の1940年7月10日から始まったドイツとの航空戦（バトル・オブ・ブリテン）を粘り抜き、ヒットラーにイギリス本土上陸作戦を断念させた（写真：交錯《こうさく》するイギリス戦闘機とドイツ戦闘機の飛行跡）。

れたら、それは、「残ったほうがよかったのだ」と、イギリス人は思うわね。だけど、戦争をしたくない人がいっぱいいたから、それでヒットラーがどんどんどんどん……。あれは「詐術《さじゅつ》の天才」だったからね、ある意味でね。だから、やられたんで。

そこで「戦争」ということになりますと、まあ、戦争だけじゃなくて商売でもあるけどね。騙《だま》しの天才……、相手が積極的に騙してくるつもりでいて、こちらが「世の中には自分と同じような人しかいない」と思っていると、あっさりやられてしまうことはあるからね。

里村　今、高坂先生がおっしゃったことは、たいへん重要な問題で、「民主主義というものは、邪悪なるものを倒してでも正義を守ろうとするのだ」と。

高坂正堯　そうだよ。

里村　ところが、戦後の日本では、特に丸山眞男《まるやままさお》先生や坂本義和《さかもとよしかず》先生など、いわゆる岩波・朝日系の進歩的文化人からすると、「邪悪なるものを想定して戦おうとすることは、要するにファシズムなのだ」ということになります。

高坂正堯　うん、うん。

里村　どちらかというと、「民主主義と対立するもの」のように捉えて、論壇《ろんだん》で、ずっとそのように言ってきたわけです。

しかし、今の高坂先生のお話からすると、「逆である」と。

高坂正堯　だからね、丸山さんのことはあまり悪く言ってもいかんけども。一世を風靡《ふうび》した方であるから、あまり言いたくはないけれども。

丸山眞男さん的に考えりゃ、いわゆるアメリカンヒーローたち？　たくさんヒーローがいるじゃない？　スーパーマンから始まっていろいろヒーローがいるけど。アメリカンヒーローも、みんな〝ヒットラー〟に見えるのよね。みんな同じように見えちゃうのよ。独裁者にしか見えないのよ、あれがね。

里村　ほお。

高坂正堯　だけど、彼ら（アメリカ人）は、「それは違う」と思っているわけよね。やっぱり、「人々を護るために、自分の身を挺《てい》して戦う人たちは立派な人だ」と思っているわけよ。

だから、戦前の日本も、ちゃんとそう思ってたわけよ。「アジアの人々のために命《いのち》懸《が》けで戦う日本」というのは、それはやっぱり、ヒーローの気持ちが、ちゃんとあったのよ。

里村　おお、おお。

高坂正堯　で、戦後なくなったんだ、それがね。

里村　戦後に。

高坂正堯　うん。ヒーローは要《い》らない。もうヒーローは要らない、と。「それをやると破滅《はめつ》するだけだから、ヒーローは要らない」っていうのが戦後の体制で、凡人《ぼんじん》しか要らない。

里村　ああ、「民衆を護り、平和を護る英雄《えいゆう》やヒーローは独裁者だ」と……。

高坂正堯　そうなんだよ。だから、「司馬史観《しばしかん》」みたいな、ああいう英雄が出てきてね、「天が下《くだ》された英雄が時代をつくっていく」みたいなのを受け入れないのが、戦後民主主義、左翼《さよく》民主主義の考えなんだね。

里村　ああ……。

高坂正堯　だから、「誰《だれ》かは知らん、顔も見えない、名前も分からない民衆たちの巨大《きょだい》な力が働いて、こうなりました」みたいなのが、いいわけね。それが、今の「SEALDs《シールズ》」（自由と民主主義のための学生緊急《きんきゅう》行動）の流れまで来ているんだと思うけど。

ここにちょっと違いが一つあるわな。

沖縄《おきなわ》を護《まも》れなければ、日本政府の信用は失墜《しっつい》する

綾織　今の中国の動きと、アジアの情勢を見ると、戦前と同じように、日本が正義を立てて護《まも》っていかないといけないという流れになってきています。

高坂正堯　アジアのほかの国にまで手を出すかどうかは別としても、少なくとも（日本が）沖縄《おきなわ》を自国の領土だと思っているのなら、「沖縄を護る」ぐらいは、これは誰も反対しないですよ、はっきり言って。

中国がどう言うか知らんけどね。彼らは言葉だけで戦いますから、知らんけど。国際的にね、日本が沖縄防衛をするというのに反対するところはないですよ（笑）。これ、もう「圧倒的《あっとう》正義」ですよ。

これをしないで、「アメリカが護ってくれないので、沖縄は中国に取られますね。はい、さよなら」って、こんなことを言う国だったらねえ、日本政府の信用は失墜《しっつい》

しますよ。
「ええ？　そんな国なの!?　日本から財産も投資も引き揚《あ》げないと危ない。この国は危ないな」と。
綾織　うーん。
高坂正堯　「まさか、そんなことはないだろう」と思っているから、みんなね。

6　日本は「集団自滅《じめつ》」に向かっている!?

台湾《たいわん》の軍隊は「刺《さ》し違《ちが》え作戦」のためにある?

綾織　今、中国の側に立ってみると、台湾《たいわん》も沖縄《おきなわ》も、あまり区別していません。

高坂正堯　近いからね。

綾織　ええ。「台湾を取るときには、沖縄も一緒《いっしょ》」という発想なんですよね。

高坂正堯　少なくとも、台湾を取られたら、沖縄は危ないわね。それは間違《まちが》いないわね。

台湾軍も五十万人もいて、それからミサイルもすごくいっぱい持ってるけど、あれを横の沖縄に向けて発射されたら、たまったもんじゃないからねえ。それは、「沖縄は落ちる」わな、それはな。

里村　今、台湾が新しい蔡英文《さいえいぶん》政権になりまして、思った以上のスピードで日本側にラブコールというか、積極的に交流をしてきています。

高坂正堯　それはそうだと思うよ。

おそらく、日本の平和勢力、それから、「戦争法案」なんか言ってる連中は、「台湾のことは中国の内政問題だ」とか言って逃《に》げると思うんだよな。「『一つの中国』というのが、戦後、一九七二年の（日中）国交回復以降、アメリカも日本も認めてきたことなんだから、中国が一つになろうとするのは当然じゃないか。香港《ホンコン》だって、

アジアの平和と安定を護るには、日台関係の強化が必要。
『緊急・守護霊インタビュー　台湾新総統　蔡英文の未来戦略』
（幸福の科学出版刊）

英国に取られてたのが百五十年ぶりに返ってきたんだから、だんだん中国化するのは当たり前じゃないか」というような感じで宥和《ゆうわ》していくと、台湾は取られるわな。

里村　はい。

高坂正堯　取られたあとは、台湾には、中国から防衛するための軍隊がありますからね。五十万の軍隊で、空軍もあって、さらには、すごくミサイルを持ってますから。

少なくとも、あれは「刺《さ》し違え作戦」で、「勝てないにしても、中国の南の繁栄《はんえい》した諸都市ぐらいは目茶目茶《めちゃくちゃ》にするぐらいまで撃《う》ち込《こ》んで、滅《ほろ》びるときは刺し違

2014年香港反政府デモ（雨傘《あまがさ》革命）において、傘を手に香港中心街の幹線道路を占拠する民主派デモ隊。（2014年10月1日撮影）

え」というのが、基本的な台湾の作戦だからね。
これを全部、中国に無血で開城《かいじょう》して取られたら、それはねえ、沖縄の海兵隊は逃げるよ。逆に言えば。それはたぶん、たまったもんじゃないですよ（笑）。

里村　ええ、ええ、ええ。

高坂正堯　「これ、われわれだけで戦うわけ？」と言うて、それは嫌《いや》がるよ、日本が戦う気がないのに。沖縄県人が、「中国に入りたい」「私たち、中国領土に入れば安全ですから」って、みんなで言い出したら……。
あの知事だったら言い出すでしょう、下手《へた》したら。「いや、戦わない。戦争で立つべきじゃないので、（白旗を掲《かか》げるしぐさをしながら）もう中国領に入ります」とか、「国際的中立地帯をつくります」とか、言いかねないですからね。それは大変なことでしょうね。

中国は「恐《おそ》ろしい戦略国家」

里村　今、フィリピンでも、次期大統領（収録当時）のドゥテルテさんが、どんなことをこれから言うか分かりませんけれども、かつてアメリカが、フィリピンにあった世界最大の海軍基地スービックから撤退《てったい》すると、瞬《またた》く間に、その周辺の海域に中国が拠点《きょてん》を築いて、情勢が変わってまいりました。

こういう状況《じょうきょう》ですと、今ほど高坂先生がおっしゃった「戦後の日本で通用してきた平和論、あるいは正義論」を変えないといけません。つまり、「戦わずに国民の命を護《まも》るだけが民主主義なのだ。いい政治なのだ」という考え方を、変えないといけない時代に来たのではないかと思うのです。

高坂正堯　危機的状況はいっぱいあると思うけど、ただ、歴史観を考え直すチャンスでもあるわな。

だから、フィリピンは、日本が攻撃《こうげき》する前は、アメリカの植民地だったわけだから、「アメリカの植民地を日本が取ったから、許せない」ということで、「日本は悪」と、こういうことだったけど。

じゃあ、今度は、フィリピンが中国に取られたらどうなるか。「日本が取ったから攻撃した」のなら、やっぱりアメリカは（中国を）攻撃しなきゃいけないわな。

でも、今のままだったら、（米軍は）ハワイまで撤退させられそうな雰囲気《ふんいき》だからね。もう、グアムでとどまらない。「グアムまでミサイルが届きますよ」という感じで、ハワイぐらいまで逃げとかないといけないいんで。

そこでもう、中国が（アメリカに）言ってるわけですから。「ハワイのところで分けましょう、太平洋を半分に」って、とっくに言ってるわけですからね。

いやあ、（中国は）恐《おそ》ろしい戦略国家ですよね。そこまで言って、もう、日本なんか無視ですから。「ハワイのところで割りましょう。太平洋を二つに分けましょう」って、広大な構想を持っていらっしゃる。

で、向こうは、またヨーロッパまで〝シルクロード〟を敷《し》こうとしてるぐらいですからね。それは、すごいですよ。〝大帝国《だいていこく》〟が、今、構想されてますので。

里村　そうですね。

中国包囲網《もう》を分断する日本の平和勢力

綾織　中国が、それだけの構想を持って、一歩一歩、進んでいるわけで、日本に新しい正義論を立てないと、

中国が目指す「陸と海のシルクロード」

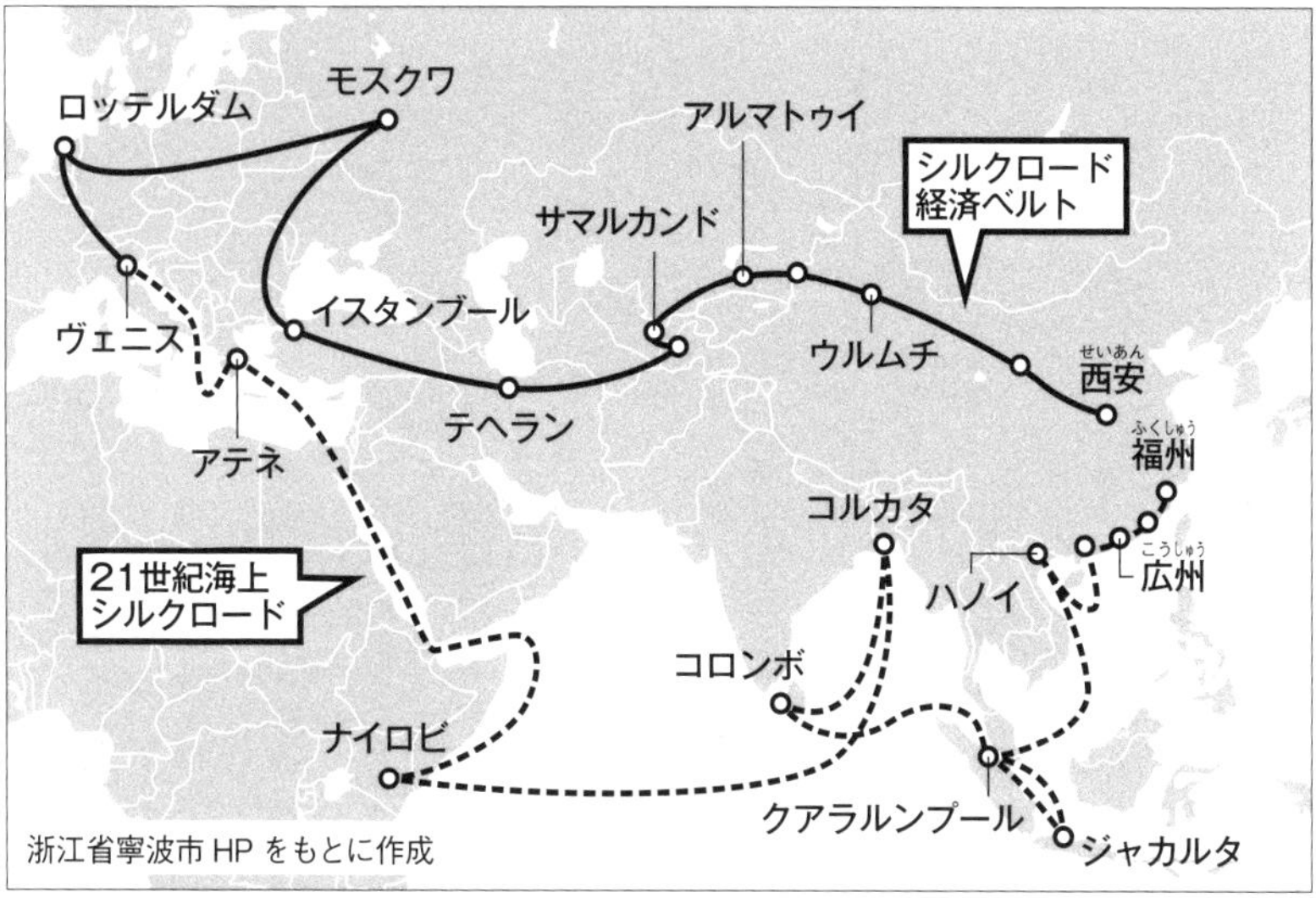

浙江省寧波市HPをもとに作成

習近平《しゅうきんぺい》国家主席は、「陸のシルクロード（一帯《いったい》）」と「21世紀海上シルクロード（一《いち》路《ろ》）」の２つの経済・外交圏構想（一帯一路構想）を提唱している。2015年に中国主導で発足したアジアインフラ投資銀行（AIIB）も、この新たな経済圏の確立を目指したものと見られる。

そのまま呑《の》み込まれてしまうと思います。その点について、どうお考えですか。

高坂正堯　だから、アメリカと日本と韓国《かんこく》とインドあたりで（中国を）挟《はさ》もうとしてるけど、これでさらに、ベトナムやフィリピンも巻き込んで包囲網《もう》をつくろうとしている。だけど、「そういうところを助けようとしたら、逆に戦争に巻き込まれる」と言う日本の平和勢力が、そういう包囲網を分断していくので、そうしたら向こう（中国）は、各個撃破できるようになるわね。

で、「一個一個、取っていって、それ以上はしない」。まあ、ヒットラーのときとまったく同じことが起きるわね。「どこで止《と》めるか。まさか、そこまではやらないだろう」と。

里村　ああ。

高坂正堯　だって、あのスターリンでさえ、「まさかヒットラーは、ソ連までは攻《せ》めてこないだろう」と思ってたんだから。「ポーランドあたりは分割《ぶんかつ》してもいいけど」とね。

両者、東ヨーロッパのところをソ連も取れるだけ取って、ドイツも取れるだけ取って、両方でうまい汁《しる》だけ吸って。でも、「さすがに、ソ連までは来まい」と、彼は思ってたからね。それが、まさかのソ連攻撃までやったので。

これが、ヒットラーの最期《さいご》になったのかもしれないけどね。ソ連攻撃をしなくて、イギリスだけだったら、イギリスは落ちてた可能性は高いと思います。

「トランプと議論できるのは幸福実現党ぐらい」

綾織　その意味では、チャーチルが、「ヒットラーは悪魔《あくま》だ」と見抜《みぬ》いたように、日本にも、「これからどう戦うか」ということを具体的に詰《つ》めていく人が要《い》りますよね。

高坂正堯　だから、自民党に安倍《あべ》さん以上の資質がある人がいなかったら、戦えないな。

昔、安倍さんから、福田《ふくだ》（赳夫《たけお》）さんの息子《むすこ》さん（福田康夫《やすお》氏）、それから麻生《あそう》（太郎《たろう》）さんと出てきて、それで野党に転落して民主党政権になった。あれ、〝宥和政権〟だよね。中国に宥和して近寄っていこうとする政権ができて、「太平洋を平和の海にしよう」と言っていたやつが、あっという間に瓦解《がかい》してしまって、中国をもっと増長させてしまって、習近平《しゅうきんぺい》が出てきた。それで、また安倍政権が戻《もど》ってきたけども、安倍政権も、アベノミクスが、そろそろ終わりに近づいてきてる。

そのあとがあるかどうかで、谷垣《たにがき》（禎一《さだかず》）さんが出てくるとか、外務大臣の岸田《きしだ》（文雄《ふみお》）さんとかが出てきたところで、安倍よりも強くなるとは必ずしも言えない。

里村　岸田さんは、最近のインタビューのなかで、憲法擁護《ようご》について言っていました。

高坂正堯　もう、親中派になっちゃうかもしれない、ほんとね。谷垣も、そうなっちゃうかもしれない。だから、〝危ない〟ですよ。

それで、都知事の問題も出てくるけど、自民党とかは、小池百合子《こいけゆりこ》とかも、あっちに出そうとしてるんだろうから。だから、そういう「戦う要員」を、できるだけ減らそうとしているようにも見えなくもないわな（注。本収録後の六月二十九日、小池百合子氏は東京都知事選への出馬を表明した）。

里村　おお、おお。

綾織　そうすると、高坂先生は「自民党は、もう先がない。見通しは暗い」とご覧になっていますか。

高坂正堯　だから、幸福実現党が、あれなんでしょう？　〝家庭教師〟してるんでしょう？

里村　そうなんです。

高坂正堯　過激な意見を言って。

綾織　まあ、「過激」というか、「正論」です。

高坂正堯　「こら、しっかりせんか」と言うとるんでしょう。

里村　ええ、当然のことを言ってますね。

高坂正堯　当然のことだよ。

いやあ、トランプと議論できるのは、幸福実現党ぐらいしかないよ、ほんとに。

里村　なるほど。

舛添《ますぞえ》要一《よういち》氏の辞職の背景にある「日本人の心理」

里村　高坂先生の愛弟子《まなでし》でいらっしゃった、京都大学の中西輝政《なかにしてるまさ》名誉教授は、安倍さんのブレーンというか、どちらかというと「支える一人」だったのですけども。

高坂正堯　ああ。はい、はい。

里村　ところが、去年（二〇一五年）の「安倍談話」、あるいは「慰安婦《いあんふ》問題の日

●**中西輝政**（1947～）　日本の歴史学者、国際政治学者。京都大学名誉教授。保守系の論壇や政治活動でも知られる。また、政権に影響力を持つブレーンとされることもある。

韓合意」等で、最近は見切りをつけたという感じです。「もう、安倍さんでは駄目《だめ》だ」ということで、かなり姿勢が変わってまいりました。日本は今、政治的には危機的状況にあると思うのです。

高坂正堯　そうなんだよ。だから、あのねえ、話がちょっとまた飛んじゃって、都知事の問題になるけど、舛添《ますぞえ》（要一《よういち》）さんを昨日《きのう》（二〇一六年六月十五日）、辞職させたよね。

里村　はい。

高坂正堯　これも、やっぱり、保守の国際政治学者で、もとは、「首相待望論」で一位になっていた人ですよね（注。二〇一〇年四月に産経新聞社とＦＮＮ〔フジニュースネットワーク〕が行った合同世論《せろん》調査の結果、「首相に最もふさわしい政治家」の一位に舛添要一氏が選ばれた）。

だから、安倍さんのあとをやるんだったら、こういう考え方を持っている人だったら、ある程度、捌《さば》けた可能性があるんだけど、そういう人を国会のほうから都《と》に〝追い出し〟て、さらにそれから引きずり降ろして、〝政治生命は終わらせよう〟としているわけで。

都知事として、「都知事外交」で、安倍さんが行けない中国や韓国、まあ、ソウルや北京《ペキン》に行ったり、ほかの世界の各国、ヨーロッパの主要都市とか第三国にも友好を結んで、要するに、日本が孤立《こりつ》しないようにネットワークを築こうとしてた、国際戦略家の政治生命を絶とうとしているわけなので。

だから、今、自《みずか》らそういう素質を持っているやつを全部〝消していこう〟としている。日本の国とし

パリ市庁舎でイダルゴ市長と共同記者会見に臨む舛添要一都知事（当時）。この訪問で、両都市は芸術文化や観光などの５分野で協力していくことに合意した。（2015年10月28日撮影）

てはね。これは意外に偶然《ぐうぜん》ではないかもしれないよ。

綾織　それは、マスコミ的な動きなんでしょうか。

高坂正堯　マスコミは、左翼《さよく》の平和勢力にかなり引っ張られている。心情的に、それに呼応《こおう》してる人が、かなりいるからね。

里村　その淵源《えんげん》にあるものは何でしょうか。誰《だれ》か特定の人というのではなく、戦後日本人の何て言うか、〝刀狩《かたなが》り〟をされて……。

高坂正堯　いや、もうね、なんかねえ、集団自決したいんじゃない？「自決」はしないね。「集団自滅《じめつ》」したいんじゃないかなあ。

綾織　ああ……。

高坂正堯　憲法学者が、「憲法を変えられたら飯《めし》が食っていけなくなるので抵抗《ていこう》する」っていうのは、抵抗勢力としてあるのは分かるけど。

里村　そうですね。

高坂正堯　もう、「国民を護る」ということの意味がね、要するに、「とことん、いざこざを起こさなければ生き残れるのだ」と思っているような。これは、百田《ひゃくた》（尚《なお》樹《き》）さんが言ってる『カエルの楽園』なんだろうけど。

悲しいね。思想的に理論的に、そこのところをスパーッと言い抜ける人がいないっていうのが悲しいですね。

●『カエルの楽園』　百田尚樹の小説。「三戒《さんかい》」を守ることで平和だったツチガエルの国が、より強いウシガエルたちに滅ぼされるという内容で、現代日本を風刺して描いている。

7　幸福実現党を「リアリズム」で分析《ぶんせき》する

高坂正堯氏が指摘《してき》する「世界大戦のリスク」

石川　第二次大戦の前は、「ブロック経済」が進み、そのあとで世界大戦の流れができたと思います。

今、アメリカは、トランプ氏が「国益重視」を言っていますし、イギリスも国益重視でEUから出るかもしれません。もちろん、EUにしても、もともとは戦争を防ぐためにつくられたものだとは思うのです。

一方で、今の日本はこういう状況《じょうきょう》にあるわけですが、近い将来、「世界大戦」のような大きな戦争が起きるリスクはあるのでしょうか。

高坂正堯　いや、ほんのね、それは二、三人の人の考えで起きますよ。

里村　二、三人？

高坂正堯　大勢の人の意見じゃない。二、三人で起きます。

里村　もし、例えば、その二、三人の名前を、あえて挙げられるとすると……。

高坂正堯　いや、もちろん、それはアメリカの大統領、中国の国家主席、それから日本の首相も入ってるけども。

もちろん、北朝鮮《きたちょうせん》のトップの可能性もあるし、あるいはＥＵもありえるかもしれないし、それから、アサドみたいな、ああいうのだって引き金になるかもしれないし、ロシアのプーチンもありうるかもしれませんが。

どの二、三人かの動きによって、どういうふうな組み方、力学がね？　力学のバランスが崩《くず》れたら起きるんですよ。そのバランスが崩れたときに、一気に。利害の関係で、利益を取ろうとする者がガーッと出てきたときに、戦争は必ず起きますので。

「政治家・政党・マスコミ」は幸福実現党も艸添要一《ますぞえよういち》氏も潰《つぶ》したい？

高坂正堯　日本は今、大川隆法さんが、一生懸命《いっしょうけんめい》、「正義論」を〝発射〟しているので、少しは聞く耳を持っとる者がいれば、いけるとは思う。理論的には、柱は立てられる方だから、「（大川隆法が）健在なら大丈夫《だいじょうぶ》」とは思うけども。

ただ、弟子《でし》のほうが弱いので、政治勢力が潰《つぶ》されてしまって、「もう完全に政治から撤退《てったい》」というところに持っていくのを、いちおう図式としては考えていると思います。

だから、政治家、自民党から共産党まで含《ふく》めての各政党、既成《きせい》政党は当然、幸福実現党は潰したいし、マスコミのなかでも、平和勢力とつるんでいる考え方のほうは、「できたら、これは潰しておきたい」と思っている。

基本的に、そういう理論的に強い意見をピシッと言えるような人の影響力《えいきょうりょく》を削《そ》ぎたいんですよ。だから、「そういう人が、〝地上軍〟というか、政党を持ったり、あるいは軍隊じゃないけども、もっと言論を含んだ政治的組織を持てたりする」ってことは、実に怖《こわ》いことなので。それで、周りを全部潰して、一人に干《ほ》して、さらに、その言論をスキャンダルか何かを使って封《ふう》じ込《こ》める。社会的に封殺《ふうさつ》する。

最近もあったじゃないですか。ねえ？　理系だったら、小保方《おぼかた》（晴子《はるこ》）さんもそうかもしれないし、ほかにも、そういう封殺はできるので。

科学の未来を潰すマスコミ報道に警鐘を鳴らす

『小保方晴子博士守護霊インタビュー――STAP細胞の真偽を再検証する――』（幸福の科学出版刊）

『小保方晴子さん守護霊インタビュー　それでも「STAP細胞」は存在する』（幸福の科学出版刊）

舛添《ますぞえ》さんなんか、あっという間に囲まれたでしょう?

里村　はい。

高坂正堯　もう、あっという間に全方位を囲まれて。

だけど、歴史的に考えてね、それだけのあれが……。彼がやったのは全部がほめられることじゃないから、そらあ、言われる筋《すじ》もあるとは思うけれども、何か、「都民の意見」と言っているのは、「都民の意見なのか、マスコミの意見なのか」が、都民自身がもう分からないんじゃないか?

里村　はい。

高坂正堯　「マスコミが言ったら、全部、都民の意見」

舛添氏バッシングの背後にある政界とマスコミの思惑《おもわく》とは。『守護霊インタビュー　都知事　舛添要一、マスコミへの反撃』(幸福の科学出版刊)

みたいになっていて、そう信じ込ませるのがマスコミの力だし、「都民の意見を代弁している」と主張するのもマスコミのほうなので。要するに、「これは勝てる」というか、「囲み取って、吠《ほ》えれば勝てる」と見たらワッと来て、負けると見たら引くんだよな。

例えば、オリンピックに関して言ってみても、「霞《かすみ》ヶ丘《おか》のあれ（新国立競技場）が三千億円以上というのは高すぎる」と言うので、「これは、千五百五十億円以下に抑《おさ》え込む」って、千五百億円ぐらいセーブしたんでしょう？　安くしたんでしょう？

それから言ったら、マスコミの「（舛添さんが）三十何万円を使い込んだ」とかいうような話はちょっと話にならないし、「都知事外交で計二億円ぐらい使った」とか、「外遊でお金を使って、もうバカ殿《との》の大名《だいみょう》行列みたいだ」というようなことを言っているけど、安倍《あべ》さんだって、「去年までに八十四億か何か、外遊費を使った」とか言っているんでしょう？

だから、（舛添さんは）安倍さんの足りないところを補《おぎな》うべく、都知事外交で日本をつなごうとしていたんだし、それは彼の「持ち味」というか、「強み」を活《い》かして、独特の都政をやろうとしていたんだけど、国会議員から見りゃ生意気には見えたのかもしれん。

また、政党から見ても、生意気に見えたのかもしらんけれども、やっぱり、これは比較衡量《ひかくこうりょう》してみたら、都民はバカだと思うし、「マスコミが言っていることを全部、自分の意見だと思わされた」ということを、誰《だれ》も……。いや、多様な意見が出てこそなんですよ、「マスコミ担保《たんぽ》の民主主義」というのは。みんなが一緒《いっしょ》のことを言ったら、これは、もう〝リンチ〟なんです。ただの〝言論リンチ〟なので。

だから、もう、「逃《に》げ場がないようにされて、やられた」っていうの？「湯河原《ゆがわら》に別荘《べっそう》がある」みたいなので、ちょっと叩《たた》いたあたりから始まったよね。嫉妬心《しっとしん》を煽《あお》ってやる、〝いつもの手口〟だけど、東京都内なら、よかったのかもしれない（笑）。しかし、マイナーな問題ではあるわな。

里村　いや、もう、今のお話をお伺《うかが》いしますと、舛添都知事の今回の辞職、事実上の追い落としというか、彼を潰した動きと、幸福実現党、あるいは幸福の科学グループの影響力を抑え込む動きのなかに、要するに、底流《ていりゅう》でつながっているものがあると……。

高坂正堯　ああ、つながっている。

だから、もし彼が都知事をやって成功して、オリンピックをやって、日本を国際舞台《ぶたい》に引きずり出して、東京を世界一の都市にしたら、これは安倍さんもやりたいことだから、本当はね。安倍さんもやりたいようなことだし、自民党もやりたいことだから、もし、それをやったら、もう一回、「（舛添氏を）総理へ」っていう待望論が出ないとも限らないじゃないですか。

綾織　それ自体を潰したかった？

高坂正堯　それは、もう潰し切っておきたいわけで。

綾織　ああ、なるほど。

里村　それと、もう一つは、高坂先生のお立場でもある、「保守の立場」というものを潰す？

高坂正堯　潰しときたいわなあ。もちろん、潰しときたい。そういう意見が言える人だからね。きちんと意見が言える人なので、それは潰しときたいでしょうね。

里村　はあ……。

幸福実現党の軍勢は「初期の徳川家康《とくがわいえやす》」ぐらいのもの

綾織　先ほど、幸福実現党に関して、「弟子《でし》の力が弱い」というお話がありましたけれども、弟子として、こういう状況を突破《とっぱ》するためには、どう斬《き》り込んでいけばよいのでしょうか。このあたりについて、何かアドバイスを頂ければと思います。

高坂正堯　「リアリズム」で言って……。いや、言ったら君たちは傷つくかもしれないから言いにくい。とっても、とっても言いにくい。

里村　（苦笑）いえ、いえ、どうぞ。もう、いろいろなアドバイスを頂いていますので。

高坂正堯　とっても言いにくいんだけど、今の状況はね、「徳川家康《とくがわいえやす》が、最初、武《たけ》田《だ》信玄《しんげん》に一撃《いちげき》で一蹴《いっしゅう》されたような状況」にかなり近い。

里村　三方《みかた》ヶ原《はら》で？（苦笑）

高坂正堯　そう。三方ヶ原の戦い。
だから、閉《と》じこもってね、護《まも》っとる分にはいいんだけど、目の前を悠々《ゆうゆう》と〝大魚の大群〟が通っていくのは悔《くや》しいよね。でも、やっぱり一撃を食らわせたいと思って、後ろから襲《おそ》いかかったら、「ちゃんと、こっちを向いて、待ち構えておりました」でバーンッとやられてね。徳川家康は命からがら逃げ帰って、「信玄は恐《おそ》ろしい」ということで、

三方ヶ原の戦いとは、1573年1月、現在の静岡県浜松市三方原町近辺で起きた武田《たけだ》信玄《しんげん》軍と徳川家康《とくがわいえやす》軍による戦い。家康の本城だった浜松城を素通りして西進しようとした武田軍に対し、家康軍は背後から奇襲をかけたが、逆に待ち構えていた武田軍の反撃に遭い大敗を喫《きっ》した。（画：「元亀《げんき》三年十二月味方ヶ原戰争之圖」、歌川芳虎《うたがわよしとら》画）

「もう死ぬまで手は出さない」という感じだったし（笑）。信長だって、信玄が生きてたときはさ、もう、お中元・お歳暮《せいぼ》まで贈《おく》ってたぐらいで、戦いたくないいんでしょう？

だから、「（武田信玄が）死ぬのをみんな待っていた」っていうあれですから。そのくらいの強さなんで、それは差がある場合もあるからね。

今は、それは、君たちの軍勢、幸福実現党の軍勢っていうのは、その程度の、初期の家康ぐらいのものなので。

里村　なるほど。

高坂正堯　やっぱり、打って出たら、パシッとやられて終わるぐらい（笑）。

いや、私のリアリズムから見れば、そういうふうには見えるんだけども（笑）、「ほかに、私が知らない『潜在《せんざい》的な援軍《えんぐん》』が駆《か》けつけてくる」っていうなら、それはちょっと話は違《ちが》います。

敵に足をすくわれぬよう「潜在的《せんざい》な援軍《えんぐん》」をつくっておくべき

綾織　やはり、家康の話で言うならば、「どこかと同盟して、じわじわと、その間に力をつけていって、最終的に勝ち抜《ぬ》くためには、ある程度の構想力が要《い》る」ということなのですね。

高坂正堯　そういう意味で、あまり短気でもいけないと思うよ。短気で、突発的なことばっかりしすぎてもいけない。

例えば、大川さんは、（講演で）「核《かく》」のことを言うにしても、上手に理論的に固めながら、「核装備」という言い方をして、さらっと入れてみたりして、刺激《しげき》しながらやっている。

それを弟子のほうは、もう、「核武装して敵地先制攻撃《こうげき》」なんて平気で言いかねないからさ、街宣したら。まあ、言いかねないから。そういうのを「待ってました」で足をすくうのを狙《ねら》ってるからね。十分賢《かしこ》くないといけないと思う。

だから、本はいっぱい出て、あれしてるけど、君たちが言論だけで止まるのかどうか。もし、「十分に〝地上兵力〟を持って、ライバルになる」というのなら、敵としては出てくる。必ず出てくるけど、今のところ、「選挙で負け続けている」というので免疫《めんえき》ができていて、「どうせ負けるからいいや」と思って、無視してくれているところもある。

だけど、今度は、与党《よとう》とマスコミとが一体になって、挟《はさ》み撃《う》ちで、君らを〝舛添状態〟にする可能性もないわけではないから、やっぱり、援軍《えんぐん》というか、「潜在《せんざい》的な援軍」をそうとう……。文化人や、それから政治勢力、あるいは宗教勢力その他ですな、そういう味方になってくれるところを、やっぱり、上手に、軍師が駆け回ってつくっていかないと、厳しいところはあるわね。

里村　ええ。

8　予想される欧米《おうべい》諸国の厳しい先行き

「イラク戦争」と「シリア問題」に見る、日本の立場の違《ちが》い

里村　もう少し、国際政治のほうに絡《から》む問題なのですが、高坂先生が帰天《きてん》されたころというのは、ちょうど、ハンチントン教授の「文明の衝突《しょうとつ》理論」というのが……。

高坂正堯　君、よく勉強しているな。意外だなあ。

里村　いや、とんでもありません。全然。

高坂正堯　もう想像を絶するなあ。

●サミュエル・P・ハンチントン（1927～2008）　アメリカ合衆国の国際政治学者。ハーバード大学教授。1996年、冷戦終結後、世界は8大文明に分かれて対立するという「文明の衝突」説を唱《とな》え、世界的に有名となった。主著『文明の衝突』。

里村　いえいえ（苦笑）。

高坂正堯　えっ？　もう八十歳《さい》ぐらいになっとるのと違《ちが》うのか？　ええ？

里村　（苦笑）少しだけ、かじっていまして。

高坂正堯　もう今の人は、ハンチントンなんか知らないよ。ええ？

里村　けっこう、世界に衝撃《しょうげき》を与《あた》えた論文で、その後、日本でも本が出たりしました。

高坂正堯　うん、うん。

里村　それで、確かに、その後、「イスラム国」の問題等が起きたりしました。

高坂正堯　うん。

里村　高坂先生は、先ほど、「世界戦争は、二、三人の動きで決まる」とおっしゃっていましたが、「文明の衝突」による、例えば、地球の滅亡《めつぼう》、あるいは地球の衰《すい》退《たい》、イスラムとキリスト教のぶつかり、このあたりはどのようにご覧になっていますでしょうか。

高坂正堯　だから、意外に、湾岸《わんがん》戦争、それから、イラク戦争をやって、いちおうアメリカが勝ったことにはなっているけれども、やっぱり、アメリカの正義を疑う声、ベトナム戦争以来の疑う声が、今回も残ったのは残ったわね。

「（イラクには）大量破壊《はかい》兵器があるから」という理由で、サダム・フセインを滅《ほろ》ぼしたけど、そうした兵器が見つからなかったというので、「あれは本当に大義があったのかどうか」というのを疑っている。

例えば、現政権、安倍政権等でもだね、アサドの件で、やっぱり、「『アサドが本当に化学兵器で民衆を攻撃《こうげき》した』という確たる証拠《しょうこ》があるのを確認しないと、アメリカの支持ができない」みたいなことを……。アメリカから見りゃ、すっごく不本意な、「同盟国にこんなことを言われるか」というような……。

例のイラク攻撃のときには、日本は、〝いの一番〟に賛成を出したよね？

里村　はい。

高坂正堯　だけども、今回の「アサドのところをどうするか」のところでは、すごく慎重《しんちょう》な意見を出したわね。「化学兵器を使った証拠が、ちゃんとあるのかどうか」

っていう。そのへんまで日本が言って、「これで同盟国なのか」と、アメリカがかなり頭にきたところがあったみたいだから。

本当は、“classified《クラスィファイド》”（機密扱《あつか》い）された機密の部分まで明かして、それを証明しなきゃいけなかったようなことがアメリカ側にあったようだから。実際は、そのへんから少し、日米同盟もぎくしゃくしているところはあるんですけどね。

アメリカは「テロ」に戦々恐々《せんせんきょうきょう》となっている

高坂正堯　それで攻撃した結果、「テロ」が返ってくる。だから、日本もテロをされたくないから、あまり積極的に動きたくないんだけど、アメリカ国内はテロをいろいろやられている。「このテロ攻撃が意外に効いている」というのは怖《こわ》い。

里村　うーん。

高坂正堯　怖いんですよ。

（アメリカは）「自由の国」だったから、銃《じゅう》がいっぱいあるからね。これで、いろいろな人が入り込《こ》んできているでしょう。

だから今回も、銃の乱射事件が、何かディスコみたいなところであったね？（注。二〇一六年六月十二日、アメリカのフロリダ州オーランドにあるナイトクラブで銃乱射事件が起きた）

里村　そうですね。ナイトクラブですね。

高坂正堯　ええ、もう、死者は四十九人か五十人か……。

里村　はい、五十人（容疑者を含《ふく》む）でした。

高坂正堯　それで、重軽傷を負った人も五十何人か……。

里村　はい。

高坂正堯　一人の人で、百人以上の死傷者を出したんでしょう？

里村　はい。そうです。

高坂正堯　アフガン系の人、一人で。
機関銃みたいなもの、自動小銃みたいなものが手に入るんだよね。それで、「警備会社にいた」とかいうような人がやっちゃった。
こんなの、一人で起こせるんだったら、百人いたら、どうなるか考えたら、もう、どこの都市も「機能麻痺《まひ》」します。どこでもテロが起きたらね、これ……。

アメリカ国籍《こくせき》を持っとれば、（銃を）買えますからねえ。それで、軍隊経験者や警備会社とか、あるいは、そういう射撃をやっているようなグループとか、そんなのが銃を持っていて、そして、イスラム系のあれに〝帰依《きえ》〟しちゃって、いきなり、テロリストに変身するのなら。「外から来る」のはブロックできるとしても、「なかにいるやつ」はブロックできないからねえ。また、銃（の保有または携帯《けいたい》）は、アメリカでは憲法に保障されてて、個人が自衛する権利としてあるからね。

これには、アメリカ人は戦々恐々《せんせんきょうきょう》なので、はっきり言って、もう、世界を護る余裕《よゆう》がなくなってきてるんだよ。もう、国内のテロが怖くて。だから、自由の国でなくなりつつあるわけで。

これとも関係があるんだよ。「日本から退《ひ》きたい」とか、いろいろなところから退いていきたい流れは。

里村　ああ。

高坂正堯　やっぱり、流れは、「孤立《こりつ》主義」に入ってるわね。それと財政の問題ね。もう、赤字の問題もあるしね。

だから、やっぱり、一人で百人以上、死傷者を出されると……。一人でやられたら。これは百人ぐらいのテロリストをつくるのは、そんなわけがないことですから。けっこう大きいでしょう?

里村　ええ。

高坂正堯　文明の落差だって、アメリカのほうは、「遠隔《えんかく》操作で、空中から攻撃できるぐらいの科学システム」が進んでいるけど、こちらは、最も原始的な方法でね、「内部にいる人が無差別に殺しまくる」っていう方法でやれるし、銃を取り上げてもナイフででもやれるからね。これ、現実は、戦々恐々となっていますよね。

だから、意外に、このテロもこたえてきています。

里村　ああ。

高坂正堯　だから、厳しいです。

それから、外交も、これ、こたえるよねえ。例えば、伊勢志摩《いせしま》サミットみたいなのをやっても、もう、テロ警戒《けいかい》で、警察を総動員してね。君たちだって、もう、新幹線とかも、ゴミも捨てられないみたいな状況《じょうきょう》になったんだろうしね。

これは経済活動がストップする可能性があるぐらいの問題で、首脳が会うの、これ、まるで戦争中みたいだよね。だから、あれは、もう「ヤルタ会談」みたいなものだ。第二次大戦中に会談するようなものだからね。

このテロは、意外に、アメリカにボディーブローみたいに効いてきてるし、「新しい戦争を起こしたら、また反作用が来るのではないか」という恐怖心がそうとうあるので。いや、やっぱり、アメリカの国論は変わりつつありますよ。

ヨーロッパに「植民地支配の反作用」が起きようとしている

石川　フランスでもテロが何度か起きまして（二〇一五年十一月十三日、パリ同時多発テロ事件など）、もう戦争状態に……。

高坂正堯　そう。フランスも起きているでしょう。もう、テロは、「イスラムテロがアメリカで起きる場合もあれば、イギリスでも起きるかもよ」なんていう映画（二〇一三年公開の「エンド・オブ・ホワイトハウス」、および、二〇一六年五月公開の「エンド・オブ・キングダム」）だってつくられているんだろう？

里村　はい。

高坂正堯　そういうのも、あるかもしらんよな。それは、当然、狙《ねら》いやすいわね。イギリスをやったら、アメリカも、何かこたえるからね。やっぱり、そう言ったって、親子というか、〝姉妹関係〟みたいな国だからね。
だから、イギリスのほうは、本当は、「ＥＵと一緒《いっしょ》だったら、テロから護り切れない」と思ってるんじゃないの？　どちらかと言えば。

里村　うーん。

石川　そこでお伺《うかが》いしたいのですが、イギリスは、やはりＥＵを出ることが、リアリズムの観点から見て、よいことなのでしょうか？（注。本霊言《れいげん》の約一週間後の二〇一六年六月二十三日、イギリスでは、ＥＵ離脱《りだつ》の是非《ぜひ》を問う国民投票が行われ、離脱支持側が勝利した）

● EUを出る……　大川隆法はECからEUが発足する前の1990年12月9日に行《おこな》った講演「未来への聖戦」のなかで、「このＥＣの統合は必ず失敗します。まず、脱落はイギリスから始まるでしょう」と予言していた。（『神理文明の流転』〔幸福の科学出版刊〕参照）

高坂正堯　それは、サッチャーさんの時代から、けっこう揉《も》めているあれだからね。いや、けっこう揉めてたからね。サッチャーさんは、「イギリスの独立性がなくなる」というのでね、（加盟を）すごく嫌《いや》がってはいて。

里村　これは通貨の「ユーロ」もそうですけど、実は、イギリスでは、ずっとこの問題はつながっています。

高坂正堯　そうなんだ。それで、（イギリスは）大陸じゃないからね。なかが地《じ》続《つづ》きじゃないから。

それに、強国同士の同盟なら、戦争も防止できて、お互《たが》いに強め合うことはあるけど、今、とにかく、経済的に利を食《は》もうとして、弱小国がいっぱい加盟

サッチャーの霊が語る「政治家の役割」と「EUの問題点」。『サッチャーのスピリチュアル・メッセージ』（幸福の科学出版刊）

してきているじゃないですか。

次に、アフリカの「負の遺産」を今、何かＥＵが引き受けなきゃいけないレベルまで来ようとしているものね。トルコがあるからさ。

里村　なるほど。

高坂正堯　トルコからあと、地続きで、中東からアフリカあたりまでがＥＵにぶら下がってきそうな……。「（旧宗主国として）アフリカに責任を取れ。責任を持て」と言われんばかりじゃないですか。これは、かなり重いわねえ。

だから、メルケルさんなんかが主導しているんだったら、やっぱり、それは、なかなか負いかねるものはあるし。

綾織　その意味では、もう、「ヨーロッパ自体が、アフリカの植民地支配の反作用で潰《つぶ》れていく」と……。

高坂正堯　ある意味ではね。大きな意味ではね。君たちが好きな理論で言えば、「カルマの法則」で、今、五百年のカルマが返ってこようとはしているわな。

9 「二〇二〇年代に世界大戦の芽はある」

国連の機能が低下し、あちこちで衝突《しょうとつ》が多発する恐《おそ》れがある

里村　そうした時代に、ともすると日本人は、「国際的正義、あるいは地球的正義とは何か」という判断を、「国連」という存在に委《ゆだ》ねがちなのですけれども、高坂先生は国際的正義のあり方として、リアリズムの立場から、「勢力均衡論《きんこうろん》」という考え方に立脚《りっきゃく》しておられました。

つまり、国連的な理想論としてのあるべき世界平和論と同時に、万が一に備える勢力均衡論とがあるわけですが、これから、どのような立場で、日本はやっていくべきだと思われますでしょうか。

高坂正堯　いや、国連の常任理事国がさあ、アメリカに、イギリス、フランス、中国、ロシアか。

里村　はい。

高坂正堯　だったら、このメンバーでは、そら、無理なんじゃないですか（笑）。「アメリカ 対 ロシア」「アメリカ 対 中国」もあれですし、「イギリスがＥＵのほうとも、揉《も》めている」という状況《じょうきょう》じゃ、やっぱり、国連は残念だけど、これからの先行きを見ると、機能は低下しますね。

里村　はい。

高坂正堯　これは、もう無理ですね。国連で「意思の統一」っていうのが、できないんじゃないですか。

有志連合で何かするぐらいしかできないでしょうね。中国とアメリカの利害が一《いっ》致《ち》することはありえないし、ロシアも、オバマさんがロシアをちょっと嫌《きら》ったから、これ、また難しくなるね。

で、英仏も、もともと、歴史的に難しい関係だからね。

里村　はい。

高坂正堯　仲良くできるなんて、もう珍《めずら》しいことだからなあ。英語ではね、本当に、「梅毒《ばいどく》」と「フランス人」だか何かが、同じ意味みたいな言葉もあったような気がするからね。そのぐらい嫌い合っている仲だからね（注。イギリスでは、「梅毒」を「フランス病」と呼んだ）。

いや、けっこう、あっちもこっちも衝突が多発する時代が来るかもしれないね。

里村　うーん。

「これからの国際政治が見えるのは、大川隆法先生だけだ」

綾織　一点、学問的なところをお伺《うかが》いしたいのですけれども……。

高坂正堯　うん、うん、うん。

綾織　「これからの国際政治学」というテーマなのですが、高坂先生の『国際政治』という著書では、非常にクリアに国際政治を整理されています。

つまり、「国際政治というのは、『力の体系』と『利益の体系』と『価値の体系』の三つでできていて、結局は、これがどうバランスしていくかだ」という話をされているのですけれども、現在のような混乱と混迷の時代においては、国際政治学を、どのように考えていけばよいのでしょうか。ぜひ、お伺いできればと思います。

高坂正堯　いや、もう、私の立てたものなんか古いから、今、あんまり考えるべきではないでしょうね。やっぱり、国際政治とかは、現在ただ今、やっている人で考えなきゃいけない。

藤原帰一《ふじわらきいち》さん（東京大学大学院法学政治学研究科教授）あたりでも、何か、「トランプの大統領候補なんかありえない」と言ってたのを、今、周りから、「外れたじゃないか」って、そうとうワンワンと攻撃《こうげき》……。珍しくですね、東大の教授は普通《ふつう》は逃《に》げるんだけど、何も言わずに行くけども。

ただ、アメリカから発信されているものを読めばね、みんな、「トランプは本選前には消える。泡沫《ほうまつ》候補で、最初だけ勢いがあったけど、途中《とちゅう》で失言で没落《ぼつらく》して、本命系の人がきちんと上がってきて、共和党の本選前にはトランプはいない」っていうのが大多数だから。

日本のマスコミもそれを受けて、だいたい、「トランプはありえないだろう」っていうようなことを言ったために、今や〝パンチ〟をいっぱい受けている。ということで、（藤原帰一氏は）「俺《おれ》は別に、データとしては、みんなそう言ってたから、そう言っただけなのに、何か俺の責任にされてる」みたいな感じのことを言っているらしいけどね。やっぱり、東大の国際政治学の教授っていうのは、発言に責任があるんでしょうね。

長谷川慶太郎《はせがわけいたろう》さんあたりでも、外れたみたいで。

里村　（トランプ氏については）否定的でした。

高坂正堯　外れていないのは大川隆法先生だけのようでございますが……。

里村　はい、そうです。

高坂正堯　これから先は、政治学者も、もう、この動きを読むのは無理なので、ある意味では、幸福の科学出版を、もう少し大きくしとかないと……。

里村　ほお。

高坂正堯　「大出版」にしとかないと、ちょっと〝弱小出版〟じゃねえ。もう、ピンポイントで儲《もう》けるっていうのは無理かもしらんね。もう少し、ここ、勢力が必要だね。

里村　やはり、大川総裁の発言、発信を強く大きくしていくべきであるわけですね。

高坂正堯　ああ、もう、これしか……。大川総裁しかいないんじゃないですか、国際政治が見える人は。日本では、ほかにはいないね。はっきり言ってね。ほかの人にはもう無理ですね。ちょっと無理です。政治家のほうも無理だと思いますね。

里村　はい。

高坂正堯　アメリカのほうには見える人がいるかどうかだけども、大著を書いているような人たちも、みんな、もう古くなってきてるからね。みんな、ちょっと古いので。新しい人が出るかどうかは分からないけどね。その余地はまだあるかもしれないけど、今のところ、「その人の意見に合わせれば間違《まちが》いない」っていうほどの大家はいないわね。

里村　はい。

高坂正堯　だから、大川隆法さんの意見は、これからすごく貴重なものになると思う。

「武田勝頼《たけだかつより》型の全滅《ぜんめつ》」が起きないよう、幸福実現党は上手な戦いを

高坂正堯　ただ、嫉妬《しっと》は働くから、やっぱり、それを潰《つぶ》そうとする〝あれ〟はある。弟子《でし》の下手な戦いで、「武田勝頼《たけだかつより》型の全滅《ぜんめつ》」が起きる可能性も、ないとは言えないので、よく、上手に戦いなさいよ、あなた。

里村　はい。それはもう、私どもも心して……。

高坂正堯　あなたがたが「負けることしか知らない」っていうのは、ちょっと、なかなかね。東大野球部の監督《かんとく》に桑田《くわた》（真澄《ますみ》）を呼んできて、やっと勝てるかどうか、一勝取れるかどうかかっていう話みたいな感じだからさあ。けっこう大変だよ。

里村　いや、でも、幸福実現党のほうも、いよいよこれから〝出陣《しゅつじん》〟ということで、今、グーッとまた盛り上がっているところでございますので。

高坂正堯　ほんとかね。君らの盛り上がりってのは、ほんとにもう、正月のお祝いぐらいのもんだからさあ、いやあ。

里村　いえいえ、もう、本当にですねえ、今回は……。

高坂正堯　客観的に、恥《はじ》をかきまくってるんだよ、ずーっと。知ってるか？　七年間、恥をかいてるんだよ。

里村　ええ。はい。

高坂正堯　「えっ、こんなに弱かったの?」って、みんな言ってるから。基本的に、言わないの、(幸福の科学の)なかだけだから。

里村　ある霊人《れいじん》の方から、「屍《しかばね》の山を築きながらも、また戦い続けろ」と……。

高坂正堯　いや、そんなこと言うからさあ。また、何?「七生報国《しちしょうほうこく》」とか言うて、「七回生まれ変わっても、幸福実現党から当選者を出そう」とか言われるようになるんだから、気をつけないと。

里村　私どもも、甘《あま》えを排《はい》してやっていきたいと思います。

既成《きせい》政党ではない「新しい選択《せんたく》」をどう進めるか

里村　今日、高坂先生から頂いたお言葉のなかに、結局、安倍《あべ》さんが駄目《だめ》だとしても、これからの自民党政権に安倍さんに代わる人はいるのかと……。

高坂正堯　うん。小泉進次郎《こいずみしんじろう》ってのは、これ〝厳しい〟よ。いや、これは厳しいと思うよ。僕《ぼく》は「厳しい選択」だと思うよ。この人にね、米中の対決のなか、日本の舵取《かじと》りを任すってのは、これは〝危険すぎる〟と思いますよ。

里村　そうですね。

高坂正堯　これはもう、曲芸師《きょくげいし》の世界だと思いますね。

里村　そう思います。

それで、万が一、野党共闘《きょうとう》で現政権を倒《たお》した場合には、もれなく共産党がついてくるという状態ですから。

高坂正堯　全部、全部が共産党化するんだからね、結局のところ。結局のところ、そうなんだよ。要するに、自民党批判は共産党が急先鋒《せんぽう》ですからね。理論的には。

里村　ええ。

高坂正堯　理論的には共産党が主導しますからね。

だから、まあ、岡田《おかだ》（克也《かつや》）さんのほうもかわいそうだけども、ほんとに、早く〝命日〟をつくってやらないといかんわな。

里村　ですから、大川総裁が七年前（二〇〇九年）に「新しい選択《せんたく》」とおっしゃったとおり、自民党を選べば、この先、未来が見えない。かといって、野党を選べば、必ず共産党連立政権が出てくるという状態まで来て、「新しい第三の選択」以外にはないという状態……（『大川隆法政治講演集２００９　第５巻　批判に屈《くっ》しない心』〔幸福実現党刊〕参照）。

高坂正堯　「第三の選択」をつくろうと思っても、マスコミはね、「自分たちは政治家より賢《かしこ》い」と思って、自分たちの書いたことで政治家をクビにできるの、大好きなんでしょ？　だから、一週刊誌あたりが、大臣のクビも、都知事のクビも切れるわけよ、早い話がね。あと、それにワッと群がれば、それでもう、勝ちなわけでね。

だから、ある意味で、今、これと戦えるのは、ほんと、宗教ぐらいしかないかもしれない。やっぱり、宗教には、最後、抵抗《ていこう》できる「聖域」があるからね。

里村　ええ。

高坂正堯　これは、「宗教のほうから言論を打ち出す」という、ある意味での戦いだとは思うけど、場合によっては、囲まれる戦いになる可能性もあるので、そのへん、もう一段、戦闘の仕方はよく考えないといけないね。うーん。

日本とドイツに国力相応の発言権を持たせよ

石川　大川隆法総裁が年初にドナルド・トランプの守護霊霊言を録《と》りまして、その際、「トランプが大統領になるだろう」と想定し、そうなったときの世界を構想して、幸福実現党の政策や、核《かく》装備等の可能性も言及《げんきゅう》したと思うのですけれども。

高坂正堯　そうですね。

石川　そう考えますと、トランプ氏が本音《ほんね》で言っているように、これから来る世界は、やはり、「核なき世界」ではなく、例えば、中東のイスラエルやサウジアラビア、その他の国が核を持つなど、むしろ、「核が分散してしまうような世界」を想定し、それに対する国防を考えたほうがよろしいのでしょうか。

高坂正堯　というか、統一的に世界の正義を決めるところがなかったら、どうなるか。国連で決められず、アメリカでも決められない。要するに、そういう使命を放《ほう》棄《き》したと。

国連ではどうせ決まらない。アメリカが「こうだ」と強く言ったら、その、（ドラえもんの）〝ジャイアンのげんこつ〟で、だいたい、みんな黙《だま》るっていうのが、戦後だったからね。

里村　はい。

高坂正堯　それがもう効かないということになったら、どうか。「自分の国が滅《ほろ》ぼされてもいいかどうか」ということを考えれば、やっぱり、みんな、「それは困る」ということになる。「イランだけが核兵器を持っている」っていう世界というのは、中東にとっては恐怖《きょうふ》だろう。それは当然、恐怖でしょうから、同じ考えを取るでしょう。やっぱり、核を……。

里村　サウジアラビアが持ちますよね？

高坂正堯　それはもう、当然、持つでしょうね。サウジも持つし、エジプトもそうだし、どこかほかの国も持ちたくなるかもしれませんね。うん。

里村　ということは、国際的にも、錦《にしき》の御旗《みはた》を掲《かか》げる国なり、そういうリーダーなりがいなければ、要するに、「地球的な戦国時代」になってしまう……。

高坂正堯　だから、予備戦力として、国際的リーダーをつくるとしたら、やっぱり、日本とドイツを〝いじめすぎた〟ところを少し反省して、日本とドイツを正当な位置に戻《もど》して取り扱《あつか》わないと駄目でしょう。日本に国力相応の発言、ドイツにも国力相応の発言権を持たして、「ちゃんと、世界の警察官の一翼《いちよく》を担え」と。

極東、あるいは極西地域というべきか、この東洋については、やっぱり、明治のときはそうだったんでしょう？　日清《にっしん》戦争のあとはですね、支那《しな》事変、いろんな騒《そう》乱《らん》があったときに、ヨーロッパのほうは「（中国大陸については）日本に任せる」という判断をしていた。日本に、「現地のほうがよく分かるだろうから、日本の軍隊を出して、ちゃんと、支那の政変や政争を収《おさ》めろ」というようなことで指示してたんでしょう。

だから、ヨーロッパは（中国大陸に）いろいろ居留区《きょりゅうく》を持ってたからね。植民地を一部は持ってたけど、実際に軍隊を送ってやるのは大変だから、「日本はヨーロッパ並みになったので、日本に任せるから、中国を見てくれ」というのが、先の第二次大戦前の流れでね。

日本が中国に対して、ある程度の影響力《えいきょうりょく》を持とうとしていた流れは、別にそれは、その前から信認されていた流れなんだよな。

里村　はい。

高坂正堯　それが、米国がフィリピンまで植民地に取ってきて。日本が満州《まんしゅう》のほうにどんどん権益を築いてるからね、「一枚嚙《か》ませろ」と言ってきて、それで「（日本が）ケチをした」というので、いじめにかかったという状態のときに、まあ、世界恐慌《きょうこう》の経済的余波があったからね。

里村　はい。

高坂正堯　それで、やっぱり、どこも土地が欲《ほ》しいし、なんかねえ、そういう金に換《か》わるものが欲しかったからね。

里村　はい。

高坂氏が読む二〇二〇年代の世界情勢

高坂正堯　（二〇〇八年の）リーマン・ショックはいちおう乗り越《こ》えたけども、これも世界大戦から見ると、一九二九年の世界恐慌から世界大戦（の終わり）まで、二十年ぐらいで起きてますからね。

リーマン・ショックが二〇〇八年だとしたら、二〇二八年がその二十年後になる。中国が台湾《たいわん》を取ろうとするのが五年以内と考えると、たぶん、二〇二一年、このあたりを皮切りに陣地を築いて、だんだん東南アジアを取ろうとしてくるだろうから、二〇二〇年代に戦いが起きる可能性は極《きわ》めて……、世界大戦の芽はすごくあるわな。
だから、「二〇二〇年代に世界大戦の芽がある」と見て、構想しないといけない。「アジア」でもありうるし、「ヨーロッパ」「中東」「アフリカ」の三角地帯でも起きうるということだ。

里村　ははあ。いや、歴史の教訓もベースにした、すごい見立てを頂いたと思います。

高坂正堯　インドおよびロシアと提携《ていけい》しつつ、中国の政体を変えていく。要するに、民主化を進めるというのは、基本は、これだと思うんですね。「中国に民主化圧力をかけていく過程で、その帝国《ていこく》主義運動を弱めていく」ということは、やっぱり、やらないといけないでしょうね。

里村　それは、日本の国益と同時に、世界の平和にもつながるということです。

高坂正堯　そうそう、そのとおり。ドイツとかにも、もう一回、シャンとしてもらわないと。「ＥＵも護《まも》らなければいけないと同時に、中国等に対する政策もよく考えて行動しなさい」って言わなければいけないだろう。日本は中東にも意見を言える立場にあるからね。

里村　はい、はい。

10　高坂正堯氏は今どのような霊界《れいかい》にいるのか

霊界《れいかい》では父・正顕《まさあき》氏と共にカントの講義を受けている

里村　高坂先生は、そういうお見立てができる立場であるわけですが、今、どういうところで日常を？　私どもの言葉では「霊界《れいかい》」と言うのですけれども。

高坂正堯　「どういうところ」ったって、「そういうところ」だよ。しょうがないよ。まあ。

綾織　そちらの世界では、どなたとよくお話をされますか。

高坂正堯　ええ？　そういう……、身元調査か？　うーん。

里村　やはり国際政治学者で、先の見える方が、どういう霊界にいらっしゃり、どういう方たちといるのかというのは、今後の世界、未来にかかわる話として……。

高坂正堯　うーん、そうだなあ。近年数百年ぐらい、「国際法」とか「国際政治」とか、そういう方面でいろいろと意見を言ったような人みたいなのが、近くには多いかなあと思うけどね。

里村　例えば、「国際法の父」である……。

綾織　グロティウス……。

フーゴー・グロティウス（1583 ～ 1645）
オランダの法学者。自然法に基づく国際法を体系化したことから、「国際法の父」と呼ばれる。著書に『戦争と平和の法』『海洋自由論』などがある。

高坂正堯　とかね。

綾織　おお。

高坂正堯　うーん。そういうような人たちが多いかね。でも、カント先生なんかの講義も、父親と一緒《いっしょ》に受けていることが……。

里村　ええ!?

高坂正堯　ときには受ける……。

綾織　お父様（カント哲学《てつがく》が専門の学者・高坂正《まさ》

イマヌエル・カント（1724～1804）
ドイツの哲学者。観念論哲学の祖。従来の合理論や経験論に対し、理性による批判検討を行った。主著『純粋理性批判』等。

顕《あき》氏）と一緒に？

高坂正堯　うーん。カント先生が教えてくださることもありますよ。

綾織　えええ……。ほう。

里村　カント先生の「永久平和論」で行くと、非常に理想論的な部分が強くて、国連構想とか、そんな感じに……。

高坂正堯　いや、でも、彼もまた、現在進行形だからね。

里村　ああ、なるほど。

高坂正堯　うん。カント先生も大川隆法先生に教わってるからね、今ね。

里村　ああ！

高坂正堯　うん。

綾織　なるほど。

里村　また勉強をされているわけですね。

高坂正堯　教育されてるから。うーん。「カントの功罪」というのをはっきりと見《み》抜《ぬ》いているのは、大川隆法先生でしょう？

里村　はい。

高坂正堯　だから、カントも今、教育されてるから。幸福の科学の指導霊団に入れられたことにより、今、啓蒙《けいもう》されているので。「カントを啓蒙する」っていうのも、変な感じですけど、ええ。

里村　確かに、幸福の科学大学の認可問題までつながってますので（注。幸福の科学大学の設置申請《しんせい》に対し、文部科学省は、母体となる幸福の科学の教義にある「霊言」が科学的根拠《こんきょ》を持って一般《いっぱん》化・普遍《ふへん》化されているとは言えず、学問の要件を満たしているとは認められない等として、「認可せず（不可）」の判断を出した。しかし、唯物論《ゆいぶつろん》的教育が主流となった現代の学問の源流には、カントが「魂《たましい》の不死」や「神の存在」を学問の対象から外した影響《えいきょう》が指摘《してき》される）。

「カント哲学」の真意をカント本人の霊が語る。
『カント「啓蒙とは何か」批判』
（幸福の科学出版刊）

高坂正堯　そうなんですよ。「カントの間違《まちが》いにより、宗教が被害《ひがい》を受けている」ということで、ちょっと啓蒙をかけてるみたいですから。

里村　（苦笑）

高坂正堯　カント派というたら、もう、丸山《まるやま》学派以上の影響力がありますので。もっともっと広いので、「ちょっと直さなきゃいけない」っていうところで。

里村　そうすると、お父様の正顕様とも同じく、われわれの言葉で言うと、だいたい「菩薩《ぼさつ》の世界」……。

高坂正堯　いやいや、もう、君なんか、毛沢東《もうたくとう》の生まれ変わりみたいな人だから。

里村　いやいや、それはあまり言われたくない……（笑）。

高坂正堯　同じような世界に行くんだろうけどさあ。

里村　そんな、言われたくないですよ（苦笑）。

高坂正堯　そんな〝偉大《いだい》な指導者〟と一緒のところにはなかなか行けなくて、学者あたりが多いところに、今はいる。

高坂氏の過去世《かこぜ》は武将の系統なのか

綾織　お父様の正顕さんは、西田幾多郎《にしだきたろう》の弟子《でし》であられたわけですけれども。

高坂正堯　うんうん。

綾織　今、みなさんがいらっしゃるのは、アリストテレス系の学派等にかかわるようなところなのでしょうか（注。以前の霊査において、西田幾多郎の過去世《かこぜ》の一つは、古代ギリシャの哲学者アリストテレスであると判明している。『黄金の法』〔幸福の科学出版刊〕等参照）。

高坂正堯　うーん、そんなに細《こま》かくは言わないね。天上界《てんじょうかい》の言論人はそんなに数が多くなくて、せいぜい国会議事堂に入るぐらいしかいないので、会っていろいろと話はできるわね。

里村　はい。先生のように先が見える方は、やはり、過去世においてもずっと学者でいらっしゃったんですか。ただ、人類史からすると、学者というのは、あまり……。

高坂正堯　なるほどね。

里村　学者の分野というのは、メインは近代になりますから、そのような資質を生かす仕事として、他の時代では、例えば、武将としてお生まれになったことはありますか。

高坂家の場合は、遡《さかのぼ》ると、かつての武田《たけだ》家臣団の高坂弾正昌信《だんじょうまさのぶ》がいらっしゃるそうですね。

高坂正堯　ふん（笑）。過去（世）にはそういう兵法・軍略みたいなのにかかわった人間がいたというのは、そりゃそうだろうとは思うよ。そういう勉強をしてなければ、こういった仕事はしないから。

里村　武田信玄《たけだしんげん》のいろんな考え方、行動が書かれた「甲陽軍鑑《こうようぐんかん》」を、まとめるように指図したのも高坂昌信様であるし、それから、武田勝頼《かつより》さんがですね……。

高坂正堯　君、君、博学やねえ。

里村　いえいえいえ。

高坂正堯　すごいねえ。

里村　武田勝頼が負けたとき、上杉景勝《うえすぎかげかつ》と手を結んだわけですけれども、要するに、その勢力均衡《きんこう》策によって生き残りを図ったところなどを見ますと、単なる戦場で戦う武将だけではなく、他国との外交までを含《ふく》めた参謀《さんぼう》役を務められたので、これは、まさに、昌信様ご本人でいらっしゃったのではないかと。

高坂正堯　いやあ（笑）。うーん、君だけ知ってて、ほかの人、誰《だれ》も知らないから、それは言ってもしょうがないこと……。

里村　いえ、大河ドラマ（「天地人」「風林火山」等）にも出てこられる方ですから。

高坂正堯　うーん、まあ、大したことない、ない、ないけど。

君たちの政党がね、国会で議席でも取って、補助金をもらえるようになったら、もうちょっと教えてあげてもいいけど。今のところね、あんまり肩入《かたい》れしてもねえ。ほんとに、民進党からもまた、いじめられる可能性が……、前原《まえはら》（誠司《せいじ》）あたりからいじめられるかもしれないから。

里村　いえいえ（笑）。

高坂正堯　「何？　私は頭悪くて、あっちは頭いいんですか」とか言われたら、困るっしょ？　うーん。

綾織　何か明かしても差し支《つか》えのない過去世はありますか。

高坂正堯　いや、大したことない、大したことないから。大したことない。もう、今世《こんぜ》の仕事、終わってるじゃん。大したことないじゃん。

里村　いえいえ。

高坂正堯　これ、大したことないんだよ。大したことないんで。

綾織　いや、そんなことはないと思います。

高坂正堯　でも、どっちかと言えば、やっぱり、参謀系であることは事実だわな。

11 〝舛添叩《ますぞえたた》き〟の問題点を指摘《してき》する

バッシングを受けた東京都知事の問題をどう考えるか

里村　本日は、降臨《こうりん》直後から、いろいろなことを軽《かろ》やかにお教えいただきました。

高坂正堯　寿命《じゅみょう》がね、あと二十年あったら、もうちょっと何か言えたのになあ。

里村　いやあ、残念です。例えば、舛添要一《ますぞえよういち》さんの問題であれば、どのテレビ局にしても、コメンテーターが同じようなことばかり言っていますが、先生のような方がいらっしゃったら……。

高坂正堯　うーん、そうだよなあ。だから、「国際政治学的に見たら、彼は都知事としてどういう評価をされるか」というようなことを言ってくれる人、誰《だれ》もいないんだろ？

里村　ああ、本当に残念でございます。

高坂正堯　実際、いろんな都市に遊行《ゆぎょう》して、見学して、東京を美しくしようと、パリみたいにしようとしてたんでしょう？　虎ノ門《とらのもん》あたりを開発して、パリのシャンゼリゼ通りみたいなのをつくろうと思ってたんでしょう？

綾織　うーん。

「パリ市内で最も美しい通り」と言われるシャンゼリゼ通り。

高坂正堯　彼が「美学」の勉強、「美術」の勉強をしたっていうのは、別に「公務」ですよ、こんなの。

里村　なるほど。

高坂正堯　だから、ああいうのをいじめるやつの気持ちが、私には分かりませんね。

あのね、美学的に見て、東京という都市はね、やっぱり成り立ってないんですよ。（美学的観点が）まったく入ってないんですよ。ときどき、建築家が勝手にやってるだけで、全体的な統一感がないので、美学を勉強するというのは非常に大事なことだと思

東京都新宿区の風景。渋谷、池袋に並ぶ３大副都心の一つとして再開発が進んでいるが、さまざまな高さやデザインの建物が不規則に並んでいる。

いますよ。

「美学ができて外交ができる」っていうの？　これは、ものすごく大きなことだと思うけどね。で、江戸《えど》流の手打ちそばかは知らんが、「そばの本を買ったのがけしからん」とか言うけど、都知事が「江戸のそば」の勉強をしたって、何がいったい悪いのか、私にはさっぱり分からない。

里村　大事な文化ということですよね。

高坂正堯　うーん。「出世したら、それは、湯河原《ゆがわら》あたりに別荘《べっそう》を持ってくださいよ」って言ったらいいので。だから、何を嫉妬《しっと》しとるのか分からんのでね。

それで、「（飛行機は）ファースト（クラス）を使ったらいけない」って、あれ、これから困りますよ、ほんと。政治家、国会議員は、みんなファーストに乗ってますよ。あれ、仕事してますか？　ほんとに。ねえ？

里村　はい。

高坂正堯　(ホテルは)スイート(ルーム)を使ってる人なんか、いっぱいいますよ。

里村　そうですね。

高坂正堯　ねえ。最近、安倍《あべ》さんのことを書いた本も出てるでしょう?

里村　はい、出ています。

高坂正堯　うーん、『総理』(山口敬之《やまぐちのりゆき》著)か?

里村　『総理』です。はい。

高坂正堯　あれにだって、「麻生《あそう》さんはスイートに泊《と》まって、安倍さんはシングルに泊まった」なんて書いてあるんだよな、あの本な。

里村　（笑）

高坂正堯　舛添問題を知ってて、麻生派を攻撃《こうげき》するような材料をわざと書き込《こ》んであるので。ああいうふうに、自民党のなかでもやってるわけで、やられたら、あんなの一発ですよ。絶対、敵がいっぱい出てくるから。

里村　はい。

高坂正堯　だから、お互《たが》い様なので。ああいうのは、政治家にとっては〝下ネタ〟に相当することだと思うので、やっぱり、大きな仕事がどこかを見なきゃいけない。「そういう外交感覚を持った、国際的に通用できるような方は東京オリンピックまで（都知事に）座《すわ》らせない」という意志が働いてるようにしか見えない。それに踊《おど》らされてる気がするね。

週刊誌が書いてるけど、週刊誌のところは、政治の筋《すじ》からよく情報リークがあって書かされ……、書いたりするので、その情報元がね、やっぱり、政治筋から入っている可能性は高いですね、そのへんは。

里村　なるほど。私どもとしましても、本当にまだまだ力及《およ》ばずといえども、高坂先生のような方がいない今の日本で、政治あるいは国民の未来が間違《まちが》った方向へと行かないように、大川総裁のおっしゃることをしっかり発信してまいりたいと思います。

言論機能やパトロン機能を強化し、もう一段の「攻《せ》める戦い」を

高坂正堯 「ザ・リバティ」も、やっぱり、「文春《ぶんしゅん》」や「新潮《しんちょう》」ぐらいの部数は出したいしね。あるいは、「週刊現代」や「週刊ポスト」になると、裸《はだか》が出てこなきゃいけないから、(質問者の) 里村さんのパンツ姿だとか、こういうので、ねえ?

里村 いやいや (笑)、いや、いや (笑)。

綾織 それは難しいです。

高坂正堯 ああ、もう、立派なお腹《なか》を写して、「毛沢東《もうたくとう》が転生《てんしょう》したらこんな感じか」とかいうことで出したら、部数が出るかもしらんけども……。

里村　返本の山になります。

高坂正堯　もうちょっと影響力《えいきょうりょく》を出さないとね。「出版機能」「言論機能」のほうをもうちょっと拡大したり、あるいは「パトロン機能」を持って、いろんな仲間をもうちょっと売り出したりして、もう一段、リスクヘッジしながら攻《せ》める戦いをしないと。

今、大川隆法さんが、袋《ふくろ》からプスーッと突《つ》き出した錐《きり》みたいにやってるけど、それだけでは、あなたがたの手勢《てぜい》で護《まも》れているとは言いかねる部分があるので、ちょっと心配ですねえ。

里村　はい。「政治」「宗教」「マスコミ」も含《ふく》めて味方づくりをしてまいります。

高坂正堯　もうちょっと頑張《がんば》りなさいよ。もう、負け戦《いくさ》ばっかりで、「東大野球部」って言われてるけど。まあ、光栄なことかもしらんけど、東大野球部がないと、六大学もなかなかね、人気がなくなるからね。

里村　はい。

高坂正堯　大事なことではあるんだけども、「毎回出場している」っていうだけが取り柄《え》みたいなのは、ちょっと情けないので。

里村　はい。しっかりと成果を出すように、これからも、ぜひまたご指導をよろしくお願いしたいと思います。

高坂正堯　ああ、うん。まだ僕《ぼく》も勉強を続けたいと思うから、君たちの外交参謀《さんぼう》になれるように、まあ、なるべく頑張るよ。

里村　こちらこそ。これからもどうぞ、よろしくお願いいたします。本日は、まことにありがとうございました。

高坂正堯　今回、縁《えん》ができたのでね。まあ、よろしくお願いします。

里村・綾織　ありがとうございました。

12　高坂正堯氏の霊言《れいげん》を終えて

保守派の言論を引き継《つ》ぐ人物がいなくなっている現在

大川隆法　（手を三回叩《たた》く）はい（手を一回叩く）。

向こうの世界で眠《ねむ》っているという感じではなさそうで、二十年ぐらい、現在のことまでしっかりと情報収集をなされているようです。この人も、もったいなかったですね。

里村　はい、そうでございますね。

大川隆法　主だった保守系の言論人はみな、八十代になっていて、今、だんだん力が落ちてきていますからね。

里村　はい。

大川隆法　あとに続く人があまり見当たらず、厳しいところです。

里村　そうなんです。

大川隆法　意外に、渡部昇一《わたなべしょういち》さんや日下公人《くさかきみんど》さん、長谷川慶太郎《はせがわけいたろう》さんなどの世代の人たちの言論を引き継《つ》いでいる人がいなくて、私あたりのところまで飛ぶのです。彼らをキチッとフォローしているのは、私ぐらいの世代まで飛ぶのですが、同じような言論を張れる人がいるかというと、ほとんどいない状況《じょうきょう》なので、けっこう厳しいところはありますね。

里村　ええ。いらっしゃいません。評論家にもあまりいませんけれども、とにかく、学者という方は、もう……。

大川隆法　「力が弱い」ですね。みな、専門分化して、少々狭《せま》くなっていますから。今、意見を発信するには、いろいろなことを勉強していないといけないので、やはり、それだけの「気力」「体力」「知力」をつくるのは、なかなかそう簡単にはいかないのです。

舛添《ますぞえ》前都知事の辞任劇で感じた幸福の科学の課題

大川隆法　例えば、舛添要一《ますぞえよういち》さんなども、先般《せんぱん》、本人の守護霊霊言《しゅごれいれいげん》を出したので（『守護霊インタビュー　都知事　舛添要一、マスコミへの反撃《はんげき》』〔幸福の科学出版刊〕参照）、舛添さん自身も、おそらく、それを心の支えにして粘《ねば》っていたのだろうとは思いますが、やはり、それを読んでいない人がほとんどだったために、世間《せけん》からは「なんであんなに頑張《がんば》るんだろう？」というような感じで受け取られてしまい、結果的にはやや〝逆ブレ〟してしまったかもしれません。

里村　そうですね。

大川隆法　「みんなが『辞《や》めろ、辞めろ』と言っているのに、しぶといやつだな、こいつは。それでも人間か」というような感じになり、応援《おうえん》してあげて、頑張っていたことが、むしろ裏目に出たように見えたところもありました。

里村　いえいえ（苦笑）。

大川隆法　あの本が、もう少し部数が出ていて、何十万部でも売れていれば、多くの人が知って、認知された面もあっただろうと思いますが、おそらく、読んでいない人のほうが多かったのでしょう。この程度の部数では、残念ながら、言論に影響《えいきょう》を与《あた》えるまで至っていなかったかもしれません。

里村　はい。申し訳ございません。

大川隆法　当会の戦力不足を感じます。

里村　はい……。

大川隆法　ちなみに、「懺悔《ざんげ》」も兼《か》ねて申し上げるとすれば、舛添さんが都知事になられる前には、当会も選挙応援をお願いされた側ではありましたが、そのときに、当会が応援する条件として、ただ一つ付けたのが、「安倍《あべ》首相では、外交上、問題が出ると思うので、都知事ではあるけれども、各国の首都とのかかわりもあるから、もう少し外交に力を入れてやってもらえないか」というものだったのです。

里村　はい。

大川隆法　都知事外交を行《おこな》って、合計二億円ぐらい使ったのかもしれませんが、それで失脚《しっきゃく》なされたのであれば、多少申し訳ないなという気はします。ただ、彼の特《とく》徴《ちょう》を活《い》かすとしたら、そこを頑張るとよかったのではないかと、私は思うのですけれどもね。

いずれにしても、残念なことではありましたので、次はまた、考えなければいけないと思います。

里村　もっともっと多くの人に伝わるように、頑張ってまいります。

大川隆法　やや言論が弱いということですね。〝拡販《かくはん》〟が弱いのです。「伝道が弱い」「選挙が弱い」というのは、みな一緒《いっしょ》のことです。

里村　ええ。

大川隆法　すべて一緒のことなのです。結局、大勢の人のところまで意見が行き渡《わた》らないということと、まったく同じことなのです。これは、伝道が弱いことと、まったく同じことでしょう。「法戦《ほうせん》弱し」「出版弱し」、これらは全部一緒ですね。したがって、当会としても、もう一段、「規模の力」をつくらないと駄目《だめ》だと思います。

里村　はい。精進《しょうじん》してまいります。

大川隆法　では、頑張りましょう（手を二回叩く）。

質問者一同　ありがとうございました。

あとがき

保守のリアリズムの国際政治学者は、二〇二〇年代の「第三次世界大戦」勃発《ぼっぱつ》の危険性と、五年以内に、台湾と沖縄が中国に占領《せんりょう》される怖れも説いた。

この考えを是《ぜ》とすると、安倍政権の強さが継続することと、民進党が退潮《たいちょう》していくことの必然性が読み取れるだろう。

現在、国際司法判断では、中国の主張する、フィリピンの国土ギリギリの「九段《きゅうだん》線《せん》」という領土主権は否定された。しかし、中国は、そんな判決は「紙くずだ」と一蹴《いっしゅう》し、日本に対しても、「当事国でもないのに、余計《よけい》な口出しをするな。」と外交的に抗議してくる始末《しまつ》である。どうやらわが国の平和勢力とやらは、亡国《ぼうこく》の外交《がいこう》音痴《おんち》であるようだ。

本則《ほんそく》に戻って、主権国家としてのあるべき姿の実現を求めたいと思う。今はまだ微力《びりょく》の私たちの政治勢力を応援する人たちが増えることを祈る。

二〇一六年　七月二十日

幸福《こうふく》の科学《かがく》グループ創始者兼総裁《そうししゃけんそうさい》
幸福実現党創立者兼総裁《こうふくじつげんとうそうりつしゃけんそうさい》　大川隆法《おおかわりゅうほう》

『元・京大政治学教授　高坂正堯なら、現代政治をどうみるか』大川隆法著作関連書籍

『正義の法』（幸福の科学出版刊）
『黄金の法』（同右）
『世界を導く日本の正義』（同右）
『神理文明の流転』（同右）
『従軍慰安婦問題と南京大虐殺は本当か？
　　――左翼の源流 vs. E．ケイシー・リーディング――』（同右）
『日米安保クライシス――丸山眞男 vs. 岸信介――』（同右）
『南原繁「国家と宗教」の関係はどうあるべきか』（同右）
『守護霊インタビュー ドナルド・トランプ アメリカ復活への戦略』（同右）
『緊急・守護霊インタビュー　台湾新総統　蔡英文の未来戦略』（同右）
『小保方晴子さん守護霊インタビュー

それでも「STAP細胞」は存在する』（同右）
『小保方晴子博士守護霊インタビュー』（同右）
『サッチャーのスピリチュアル・メッセージ』（同右）
『カント「啓蒙とは何か」批判』（同右）
『守護霊インタビュー　都知事　舛添要一、マスコミへの反撃』（同右）
※左記は書店では取り扱っておりません。最寄りの精舎・支部・拠点までお問い合わせください。
『大川隆法政治講演集2009 第5巻 批判に屈しない心』（幸福実現党刊）

元《もと》・京大政治学教授《きょうだいせいじがくきょうじゅ》
高坂正堯《こうさかまさたか》なら、現代政治《げんだいせいじ》をどうみるか

2016年8月3日　初版第1刷

著　者　大《おお》　川《かわ》　隆《りゅう》　法《ほう》

発行所　幸福の科学出版株式会社

〒107-0052 東京都港区赤坂2丁目10番14号
TEL(03)5573-7700
http://www.irhpress.co.jp/

印刷・製本　株式会社 堀内印刷所

落丁・乱丁本はおとりかえいたします

ISBN978-4-86395-815-9 C0030

表紙写真：EPA ＝時事／時事／ AFP ＝時事
本文写真：読売新聞／アフロ／ AFP= 時事／ westgate/PIXTA ／
時事／共同通信社／ Josh Hallett

大川隆法 霊言シリーズ・戦後の日米関係を検証する

日米安保クライシス

丸山眞男 vs. 岸信介

「60年安保」を闘った、左翼系政治学者・丸山眞男と元首相・岸信介による霊言対決。二人の死後の行方に審判がくだる。

1,200円

マッカーサー 戦後65年目の証言

マッカーサー・吉田茂・山本五十六・鳩山一郎の霊言

GHQ最高司令官・マッカーサーの霊によって、占領政策の真なる目的が明かされる。日本の大物政治家、連合艦隊司令長官の霊言も収録。

1,200円

原爆投下は人類への罪か？

公開霊言 トルーマン＆F・ルーズベルトの新証言

なぜ、終戦間際に、アメリカは日本に2度も原爆を落としたのか？「憲法改正」を語る上で避けては通れない難題に「公開霊言」が挑む。【幸福実現党刊】

1,400円

大川隆法霊言シリーズ・世界の政治指導者の本心

プーチン　日本の政治を叱る

緊急守護霊メッセージ

日本はロシアとの友好を失ってよいのか？ 日露首脳会談の翌日、優柔不断な日本の政治を一刀両断する、プーチン大統領守護霊の「本音トーク」。

1,400円

守護霊インタビュー
ドナルド・トランプ
アメリカ復活への戦略

英語霊言
日本語訳付き

次期アメリカ大統領を狙う不動産王の知られざる素顔とは？ 過激な発言を繰り返しても支持率トップを走る「ドナルド旋風」の秘密に迫る！

1,400円

緊急・守護霊インタビュー
台湾新総統
蔡英文の未来戦略

台湾新総統・蔡英文氏の守護霊が、アジアの平和と安定のために必要な「未来構想」を語る。アメリカが取るべき進路、日本が打つべき一手とは？

1,400円

※表示価格は本体価格（税別）です。

中国と習近平に未来はあるか
反日デモの謎を解く

「反日デモ」も、「反原発・沖縄基地問題」も中国が仕組んだ日本占領への布石だった。緊迫する日中関係の未来を習近平氏守護霊に問う。【幸福実現党刊】

1,400円

北朝鮮・金正恩はなぜ「水爆実験」をしたのか
緊急守護霊インタビュー

2016年の年頭を狙った理由とは? イランとの軍事連携はあるのか? そして今後の思惑とは? 北の最高指導者の本心に迫る守護霊インタビュー。

1,400円

ヒトラー的視点から検証する
世界で最も危険な独裁者の見分け方

世界の指導者たちのなかに「第二のヒトラー」は存在するのか? その危険度をヒトラーの霊を通じて検証し、国際情勢をリアリスティックに分析。

1,400円

大川隆法ベストセラーズ・今、世界に必要な「正義」とは

未来へのイノベーション
新しい日本を創る幸福実現革命

経済の低迷、国防危機、反核平和運動……。「マスコミ全体主義」によって漂流する日本に、正しい価値観の樹立による「幸福への選択」を提言。

1,500円

世界を導く日本の正義

20年以上前から北朝鮮の危険性を指摘してきた著者が、抑止力としての日本の「核装備」を提言。日本が取るべき国防・経済の国家戦略を明示した一冊。

1,500円

公開霊言 カントなら現代の難問にどんな答えをだすのか？

米大統領選、STAP騒動、ヨーロッパ難民問題、中国経済の崩壊……。現代のさまざまな問題に「近代哲学の巨人」が核心を突いた答えを出す！

1,400円

※表示価格は本体価格（税別）です。

理想の政治を目指して

政治と宗教を貫く

新しい宗教政党が日本に必要な理由

大川隆法　大川真輝　共著

すべては人々の幸福を実現するため――。

歴史、憲法、思想から「祭政一致」の正しさを解き明かし、政教分離についての誤解を解消する一冊。

1,500円

父が息子に語る「政治学入門」

今と未来の政治を読み解くカギ

大川隆法　大川裕太　共著

「政治学」と「現実の政治」はいかに影響し合ってきたのか。両者を鳥瞰しつつ、幸福の科学総裁と現役東大生の三男が「生きた政治学」を語る。

1,400円

祭政一致の原点

「古事記」と「近代史」から読みとく神国日本の精神

大川咲也加　著

古来より、神意を受けた「祭政一致」を行ってきた日本。その後、現代の政教分離に至った歴史を検証しつつ、再び「神国日本」の誇りを取り戻すための一書。

1,300円

大川隆法シリーズ・**最新刊**

今上天皇の「生前退位」報道の真意を探る

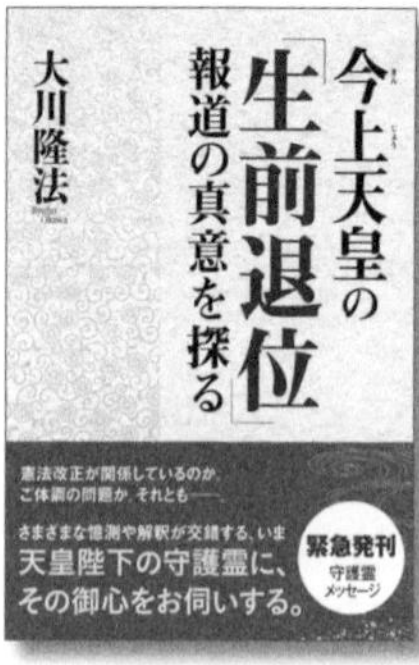

「生前退位」について様々な憶測が交錯するなか、天皇陛下の守護霊が語られた「憲法改正」や「皇室の行く末」、そして「先の大戦」についてのご本心。

1,400円

繁栄の女神が語る TOKYO 2020

七海ひろこ守護霊メッセージ

「東京№.1宣言」を掲げる31歳の都知事候補の本心とビジョン、そして魂のルーツに迫る。都政の課題を打開する〝目からウロコ〟の構想が満載!

1,400円

現代の貧困をどう解決すべきか トマ・ピケティの守護霊を直撃する

ピケティ理論は、現代に甦ったマルクスの「資本論」だった!? 世界的ベストセラー『21世紀の資本』に潜む真の意図と霊的背景が明らかに。

1,400円

※表示価格は本体価格(税別)です。

大川隆法「法シリーズ」・最新刊

正義の法

法シリーズ
第22作

憎しみを超えて、愛を取れ

テロ事件、中東紛争、中国の軍拡――。
どうすれば世界から争いがなくなるのか。
あらゆる価値観の対立を超える
「正義」とは何か。
著者二千書目となる「法シリーズ」最新刊！

2,000円

第１章　神は沈黙していない――「学問的正義」を超える「真理」とは何か
第２章　宗教と唯物論の相克――人間の魂を設計したのは誰なのか
第３章　正しさからの発展――「正義」の観点から見た「政治と経済」
第４章　正義の原理
――「個人における正義」と「国家間における正義」の考え方
第５章　人類史の大転換――日本が世界のリーダーとなるために必要なこと
第６章　神の正義の樹立――今、世界に必要とされる「至高神」の教え

幸福の科学グループのご案内

宗教、教育、政治、出版などの活動を通じて、地球的ユートピアの実現を目指しています。

幸福の科学

一九八六年に立宗。信仰の対象は、地球系霊団の最高大霊、主エル・カンターレ。世界百カ国以上の国々に信者を持ち、全人類救済という尊い使命のもと、信者は、「愛」と「悟り」と「ユートピア建設」の教えの実践、伝道に励んでいます。

（二〇一六年七月現在）

愛

幸福の科学の「愛」とは、与える愛です。これは、仏教の慈悲《じひ》や布施《ふせ》の精神と同じことです。信者は、仏法真理をお伝えすることを通して、多くの方に幸福な人生を送っていただくための活動に励んでいます。

悟り

「悟り」とは、自らが仏の子であることを知るということです。教学《きょうがく》や精神統一によって心を磨き、智慧《ちえ》を得て悩みを解決すると共に、天使・菩薩《ぼさつ》の境地を目指し、より多くの人を救える力を身につけていきます。

ユートピア建設

私たち人間は、地上に理想世界を建設するという尊い使命を持って生まれてきています。社会の悪を押しとどめ、善を推し進めるために、信者はさまざまな活動に積極的に参加しています。

国内外の世界で貧困や災害、心の病で苦しんでいる人々に対しては、現地メンバーや支援団体と連携して、物心両面にわたり、あらゆる手段で手を差し伸べています。

年間約３万人の自殺者を減らすため、全国各地で街頭キャンペーンを展開しています。

公式サイト **www.withyou-hs.net**

ヘレン・ケラーを理想として活動する、ハンディキャップを持つ方とボランティアの会です。視聴覚障害者、肢体不自由な方々に仏法真理を学んでいただくための、さまざまなサポートをしています。

公式サイト **www.helen-hs.net**

INFORMATION

お近くの精舎・支部・拠点など、お問い合わせは、こちらまで！

幸福の科学サービスセンター

TEL. **03-5793-1727**（受付時間 火～金：10～20時／土・日・祝日：10～18時）

幸福の科学 公式サイト **happy-science.jp**

幸福の科学グループの教育・人材養成事業

ハッピー・サイエンス・ユニバーシティ

Happy Science University

ハッピー・サイエンス・ユニバーシティとは

ハッピー・サイエンス・ユニバーシティ（ＨＳＵ）は、大川隆法総裁が設立された
「現代の松下村塾」であり、「日本発の本格私学」です。
建学の精神として「幸福の探究と新文明の創造」を掲げ、
チャレンジ精神にあふれ、新時代を切り拓く人材の輩出を目指します。

学部のご案内

人間幸福学部

人間学を学び、新時代を切り拓くリーダーとなる

経営成功学部

企業や国家の繁栄を実現する、起業家精神あふれる人材となる

未来産業学部

新文明の源流を創造するチャレンジャーとなる

未来創造学部

2016年4月開設

時代を変え、未来を創る主役となる

政治家やジャーナリスト、ライター、俳優・タレントなどのスター、映画監督・脚本家などのクリエーター人材を育てます。※

※キャンパスは東京がメインとなり、2年制の短期特進課程も新設します（4年制の1年次は千葉です）。2017年3月までは、赤坂「ユートピア活動推進館」、2017年4月より東京都江東区（東西線東陽町駅近く）の新校舎「HSU未来創造・東京キャンパス」がキャンパスとなります。

住所 〒299-4325 千葉県長生郡長生村一松丙 4427-1
TEL.0475-32-7770

教育

学校法人 幸福の科学学園

学校法人 幸福の科学学園は、幸福の科学の教育理念のもとにつくられた教育機関です。人間にとって最も大切な宗教教育の導入を通じて精神性を高めながら、ユートピア建設に貢献する人材輩出を目指しています。

幸福の科学学園

中学校・高等学校（那須本校）
2010年4月開校・栃木県那須郡（男女共学・全寮制）
TEL 0287-75-7777
公式サイト happy-science.ac.jp

関西中学校・高等学校（関西校）
2013年4月開校・滋賀県大津市（男女共学・寮及び通学）
TEL 077-573-7774
公式サイト kansai.happy-science.ac.jp

仏法真理塾「サクセスNo.1」 TEL 03-5750-0747（東京本校）
小・中・高校生が、信仰教育を基礎にしながら、「勉強も『心の修行』」と考えて学んでいます。

不登校児支援スクール「ネバー・マインド」 TEL 03-5750-1741
心の面からのアプローチを重視して、不登校の子供たちを支援しています。
また、障害児支援の**「ユー・アー・エンゼル!」運動**も行っています。

エンゼルプランV TEL 03-5750-0757
幼少時からの心の教育を大切にして、信仰をベースにした幼児教育を行っています。

シニア・プラン21 TEL 03-6384-0778
希望に満ちた生涯現役人生のために、年齢を問わず、多くの方が学んでいます。

NPO活動支援

学校からのいじめ追放を目指し、さまざまな社会提言をしています。また、各地でのシンポジウムや学校への啓発ポスター掲示等に取り組む一般財団法人「いじめから子供を守ろうネットワーク」を支援しています。

公式サイト mamoro.org
相談窓口 TEL.03-5719-2170
ブログ blog.mamoro.org

政治

幸福実現党

内《ない》憂《ゆう》外《がい》患《かん》の国難に立ち向かうべく、二〇〇九年五月に幸福実現党を立党しました。創立者である大川隆法党総裁の精神的指導のもと、宗教だけでは解決できない問題に取り組み、幸福を具体化するための力になっています。

幸福実現党 釈量子サイト
shaku-ryoko.net

Twitter
釈量子@shakuryoko
で検索

党の機関紙
「幸福実現NEWS」

幸福実現党 党員募集中

あなたも幸福を実現する政治に参画しませんか。

○幸福実現党の理念と綱領、政策に賛同する18歳以上の方なら、どなたでも党員になることができます。

○党員の期間は、党費(年額 一般党員5千円、学生党員2千円)を入金された日から1年間となります。

党員になると

党員限定の機関紙が送付されます。(学生党員の方にはメールにてお送りします)

申込書は、下記、幸福実現党公式サイトでダウンロードできます。

住所:〒107-0052
東京都港区赤坂2-10-8 6階
幸福実現党本部

TEL 03-6441-0754
FAX 03-6441-0764
公式サイト hr-party.jp
若者向け政治サイト truthyouth.jp

出版
メディア
事業

幸福の科学出版

大川隆法総裁の仏法真理の書を中心に、ビジネス、自己啓発、小説など、さまざまなジャンルの書籍・雑誌を出版しています。他にも、映画事業、文学・学術発展のための振興事業、テレビ・ラジオ番組の提供など、幸福の科学文化を広げる事業を行っています。

アー・ユー・ハッピー？
are-you-happy.com

ザ・リバティ
the-liberty.com

幸福の科学出版
TEL **03-5573-7700**
公式サイト **irhpress.co.jp**

THE FACT
ザ・ファクト
マスコミが報道しない
「事実」を世界に伝える
ネット・オピニオン番組

Youtubeにて
随時好評配信中！

ザ・ファクト　検索

NEW STAR PRODUCTION

ニュースター・プロダクション

ニュースター・プロダクション(株)は、新時代の〝美しさ〟を創造する芸能プロダクションです。二〇一六年三月には、ニュースター・プロダクション製作映画「天使に〝アイム・ファイン〟」を公開しました。

公式サイト
newstar-pro.com

入会のご案内

あなたも、幸福の科学に集い、ほんとうの幸福を見つけてみませんか？

幸福の科学では、大川隆法総裁が説く仏法真理をもとに、
「どうすれば幸福になれるのか、また、
他の人を幸福にできるのか」を学び、実践しています。

入会

大川隆法総裁の教えを信じ、学ぼうとする方なら、どなたでも入会できます。入会された方には、『入会版「正心法語」』が授与されます。（入会の奉納は1,000円目安です）

ネットでも**入会**できます。詳しくは、下記URLへ。
happy-science.jp/joinus

三帰《さんき》誓願《せいがん》

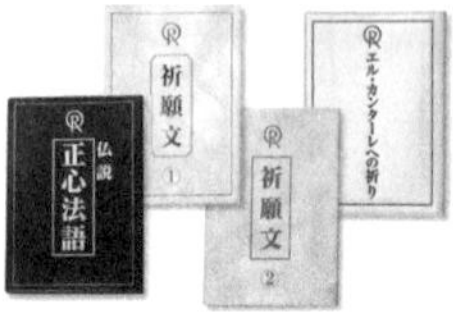

仏弟子としてさらに信仰を深めたい方は、仏・法・僧の三宝への帰依を誓う「三帰誓願式」を受けることができます。三帰誓願者には、『仏説・正心法語』『祈願文①』『祈願文②』『エル・カンターレへの祈り』が授与されます。

植福《しょくふく》の会

植福は、ユートピア建設のために、自分の富を差し出す尊い布施の行為です。布施の機会として、毎月1口1,000円からお申込みいただける、「植福の会」がございます。

ご希望の方には、幸福の科学の小冊子（毎月1回）をお送りいたします。詳しくは、下記の電話番号までお問い合わせください。

月刊
「幸福の科学」

ザ・伝道

ヤング・ブッダ

ヘルメス・
エンゼルズ

INFORMATION	**幸福の科学サービスセンター** **TEL. 03-5793-1727**（受付時間 火～金：10～20時／土・日・祝日：10～18時） 幸福の科学 公式サイト **happy-science.jp**